Go-to-market Strategy의

과학적 실행을 위한

CRM 마케팅 플랜

최정환 · 이재원 · 박종석

다산출판사

머리말

국내기업들은 그동안 외국의 선진기업들로부터 배우고 그들을 모방하면서 괄목할 만한 성장을 이루어 왔다. 최근 들어서 특정 산업분야에서는 글로벌 시장에서 선두그룹에 속하는 국내기업들도 등장하며, 이제는 어느덧 외국의 글로벌 기업들과 경쟁해야 하는 입장에 놓이게 되었다. 특히, 과거와 같이 생산/품질이나 기술보다도, 고객의 니즈에 대한 정보를 수집/저장/처리/분석하여 이를 충족시킬 수 있는 다양한 솔루션을 도출하고 구현해 내는 마케팅이 요구되는 상황이 전개되고 있다. 이러한 상황에 처해 있는 국내기업들이 진정 외국의 글로벌 기업들과 경쟁하려면 마케팅 분야에서 필요한 것이 무엇인지를 정확히 알고 갖추어 나가는 것이 절실하다.

미국과 국내에서 실제로 여러 기업의 실무와 경영 컨설팅을 직접 수행해 본 경험과 개인적인 관찰에 기반하여 생각해 보면, 국내기업에게 미흡한 것은 무엇보다도 적절한 목표 설정과 이를 달성하는 데 필요한 체계적인 실행이다. 목표 수준이 적절한지에 대한 판단기준도 없이, 달성하고자 하는 목표도 대개의 경우 추진의지나 당위에 의해 결정되어 지나치게 과도한데다, 이를 달성하기 위해 무엇을 어떻게 할 것인지에 대한 명확한 계획도 없이 시작하곤 한다. 목표 달성을 위한 효과적인 실행 솔루션도 충분하지 못한 상태에서 효율적으로 실행을 인도할 실행 Process와 구체화된 Action Plan도 없이 일단 '하고 보자' 또는 '하면서 고쳐 나가자' 등의 막무가내식으로 실행을 시작하는 경우가 자주 관찰된다. 이런 방식으로는 실행이 올바르게 될 수도 없고, 결국 목표를 달성하게 될 수도 없을 것이다. 외국의 앞선 글로벌 기업들과 대조해 보면, 이러한 국내기업들의 실상이 더욱 선명하게 눈앞에 드러난다. 가장 눈에 띄는 차이는 그들에 비해 국내기업은 마케팅 플랜Marketing Plan을 기반으로 하는 마케팅 프랙티스Marketing Practice가 매우 미흡하다는 점이다. 이렇게 마케팅 플랜 프랙티스가 정착되지 못했다는 것은 외국의 선진기업들에 비해 국내기업들의 마케팅 활동이 전반적으로 체계적이지 못하다는 것을 시사한다. 구체적으로 마케팅 의사결정 프로세스, 데이터에 기반한 체계적인 목표 설정, 마케팅 기획Marketing Planning, 목표 달성을 위한 실행계획 수립을 포함한 사전관리, 실행단계를 관리해 나가는 과정관리, 실행 후 개선을 위한 사후관리가 미흡하다는 것이다.

사전관리 부분에 있어서는, 마케팅 활동의 목표가 되는 사업목표를 설정할 때, 국내기업은 아직 수요예측 정보에 기반한 체계적인 방법에 의해 의사결정을 하지 않는다. 오히려, 외부에서 갖고 있는 기대수준을 목표로 삼거나 또는 단순히 기업의 경영진이 달성하고자 하는 의지에 기초하여 목표를 정하는 경우가 다반사이다. 대부분의 국내기업이 업무의 속도를 중시하는 조직문화를 가지고 있어, 마케팅 실무자가 효과적인 마케팅 솔루션을 찾아낼 수 있도록 충분한 시간이 주어지지 않는 것도 문제이다. 이로 인해 국내기업은, 정해진 목표를 달성하기 위해 어떠한 마케팅 활동을 얼마만큼 해야 하는지를 예측할 수 있는 능력도 부족하고, 목표 달성을 위한 치밀한 실행계획이 되도록 마케팅 플랜을 작성하는 경험도 부족하여 매우 서투르다는 것이다. 효과적인 마케팅 아이디어를 내고 이를 실행할 수 있도록 구체화한 다음, 실행 후 결과를 다양하게 예측하며 실행할 개별 마케팅 액션Marketing Action과 설정된 목표 사이의 계량적인 연관을 가시화하는 것이 선진 글로벌 기업들의 마케팅 플랜이다. 그러나 국내기업들은 이러한 체계적인 분석들과 문제해결 방법들을 마케팅 플랜에 담아보려는 노력과 경험이 부족하다고 하겠다. 또한 계획된 마케팅 액션들이 실행으로 연결될 때에도 그 실행과정에서 나타나는 중간성과를 측정할 준비를 갖추지 않고 바로 실행한다. 이 경우 실행이 잘되어 가고 있는지 또는 이런 상태로 진행된다면 목표 달성이 가능할 것인지를 알 수가 없다. 실행 중의 중간성과가 기대수준에 못 미칠 때 원인을 어떻게 파악하여 대책을 세울 것인가에 대한 준비도 없어 실행의 과정관리가 안 되는 경우도 자주 보게 된다. 실행 후에는 개별 마케팅 액션이 성공적으로 잘 이루어졌었는지, 그렇지 않다면 무엇을 어떻게 하여 차기 실행에서는 개선된 활동을 할 수 있는지에 대한 분석을 통한 사후관리도 매우 미흡한 것이 실상이다. 이로 인해 국내기업의 마케팅은 효과적으로 목표를 달성하지 못하여 실패로 끝나는 경우가 많고 소중한 자원의 낭비만을 가져오곤 한다.

글로벌 기업들과의 경쟁을 피할 수 없는 현재의 상황에서, 국내기업은 과거로부터 답습해 온 방식을 벗어나 과학적 실행을 인도할 마케팅 플랜 프랙티스를 정착시켜야 한다. 이를 위해 국내기업에게 절실히 필요한 것이 바로 이 책에서 제시하고자 하는 CRM 마케팅 플랜이다. 이 CRM 마케팅 플랜이 기존의 마케팅 플랜과 구별되는 가장 큰 특징은, 무엇보다도 고객을 중심으로 수립된 마케팅 플랜이라는 것이다. 이 책에서 독창적으로 제안하는 고객의 구매부등식Purchase Inequality for Customer이라는 프레임워크를 기반으로 하여, 가격대비 가치Value for Price 측면에서 무엇을 어떻게 하여 경쟁제품 대비 더 높은 가격대비 가치를 만들어 제공함으로써 경쟁우위를 성취할 것인가를 이 CRM 마케팅 플랜에서 제시해 보고자 한다. 이 책에서는 실행의 중요성을 강조하고자 CRM 마케팅 플랜을 구성하는 7가지 핵심 요소들을 구체적으로 설명하고, 이 핵심 구성요소들이 계획→실행→측정→분석 단계로 구성된 CRM 프로세스를 따라 어떻게 진행되고 동시에 반복적 학습을 통해 지속적인 개선을 이루는지를 체계적으로 제시해 보았다.

외국의 글로벌 기업들과 치열한 경쟁을 해 나가는 국내기업들이, 이 책에서 제시하는 CRM 마케팅 플랜을 통해 Go-To-Market Strategy를 과학적으로 실행해 나갔으면 하는 바람으로 이 책을 시작했다. 무엇이든 끝낸다는 것은 쉽지 않다는 것을 다시 한 번 느꼈고, 이 작은 완성이 이루어질 때까지 받은 인도와 도움에 감사의 기도를 드린다.

2009년 11월에

최정환 · 이재원 · 박종석

목 차

PART I

CRM 마케팅 플랜에 대하여

1 마케팅 플랜이란 무엇인가?

2 마케팅 플랜은 왜 필요한가?

3 CRM 마케팅 플랜이란 무엇이고 기존의 마케팅 플랜과 무엇이 다른가?

4 CRM 마케팅 플랜의 주요 구성요소들은 어떠한 것들인가?

국내 굴지의 손해보험사인 H사는 최근 지진보험Quake Insurance 출시를 앞두고 경영진을 중심으로 임시 임원회의가 소집되었다. 금융통으로 보험업계에서 20년 넘게 종사해 온 홍명봉 CEO를 포함하여 지난 2년 동안 영업을 키워 온 윤상철 영업본부장 등 관련임원과 박중영 상품개발담당이 한자리에 모여 최종 마케팅 안에 대한 보고를 중심으로 회의 어젠다Agenda가 준비되어 있다. 임원과 배석한 실무진이 자리에 앉아 CEO가 들어오길 기다리고 있는데, 5분쯤 지나 총총걸음으로 CEO가 들어와 자리에 앉으며 시작하자는 지시를 내린다. 회의를 주재하는 영업본부장이 상호인사를 제안하며, "안녕하십니까?" 라는 구호로 서로 인사를 나눈다.

윤 영업본부장 : 오늘 사장님을 모시고 이번 달에 새로 출시할 지진보험에 대한 마케팅 안(案)을 중심으로 사장님과 여러 임원에게 마케팅 계획을 보고드리고 문제점이나 보완점에 대한 제안을 얻고자 이렇게 임원회의를 소집하게 되었습니다. 오늘 프리젠테이션을 보시고 좋은 피드백Feedback을 부탁드립니다. 그럼, 상품개발팀을 맡고 있는 박중영 담당이 프리젠테이션을 진행하겠습니다.

박 담당 : 안녕하십니까? 지난 3개월간 준비해 온 지진보험에 대한 출시계획과 이에 따른 마케팅 활동에 대한 내용을 보고드리도록 하겠습니다. 지난 몇 년에 걸쳐 일본에서 지진이 발생할 때 우리나라에도 여진이 자주 나타나는 현상이 데이터로 확인되었습니다. 특히, 주목해야 하는 것은 최근에 일본에서 강한 지진이 발생한 후 부산과 영남 지역에서는 강한 여진으로 인해 주민들이 밤에 잠을 자는 도중 아파트나 호텔건물들이 흔들리

는 사태가 반복적으로 발생하고 있다는 것입니다. 이로 인해 지진에 대한 피해를 대비해 보험을 들고자 하는 사람들의 문의가 점점 늘어나고 있습니다. 과거에 출시된 관련상품들을 통해 얻은 경험에 비추어 시장규모를 추측해 보면 이 이머징 마켓Emerging Market의 잠재적 규모는 약 120만 명 정도가 될 것으로 추산됩니다. 또한 지금 현재 시장에는 이러한 보험상품을 준비하고 있는 경쟁사는 없는 것으로 알고 있습니다. 그래서 이 신규 시장을 자사가 빨리 선점하여 우리의 시장으로 만들고 진입장벽을 구축하고자 다음과 같은 마케팅 플랜을 실행하려고 합니다. 출력된 마케팅 플랜에 담겨 있는 내용을 보시기 바랍니다. 우선 첫해의 목표로 우리 영업본부의 달성 의지를 반영하여 30만 명 정도의 고객을 유치하고 300억 원 정도의 매출을 달성하겠다는 다소 의욕적인 수준으로 설정했습니다. 이 상품의 커버리지Coverage는 단순하게 공제Deductible 없이 피해액의 80%까지 보상해 주고 사람에 대한 피해는 보상하지 않는 것으로 구성되어 있습니다. 가격측면에서 말씀 드리면, 이 시장은 이머징 마켓이라 데이터가 충분하지는 않지만 다양한 시뮬레이션 후 보수적인 요율로 설정해서 연간 보험료를 12만 원 정도로 책정했습니다. 이 새로운 보험상품 판매를 위해서 오프라인Offline과 온라인Online의 모든 채널을 동원할 계획이고, 매스 마케팅 광고도 TV, 라디오, 잡지 등의 다양한 미디어를 통해 지진대상이 되는 지역에 집중하여 시행하려고 준비하고 있습니다. 또한 업계에서 처음으로 통합 마케팅 커뮤니케이션Integrated Marketing Communication을 시도할 계획입니다. 좀 더 구체적으로 말하면, 목표고객이 되는 사람들이 자주 보거나 듣는, 혹은 저녁 프라임 타임의 TV와 라디오 프로그램이나 구독률이 높은 잡지 등에 일관된 카피Copy와 메시지Message로 고객과의 커뮤니케이션을 시도해 나갈 계획입니다. 다음 주 초에는 JW기획사에서 준비한 TV광고 최종안을 보고드린 후 확정할 계획입니다. … 여기까지가 현재 저희가 준비한 마케팅 플랜의 내용입니다. 이에 대한 사장님과 참석하신 여러분의 제안을 듣고자 합니다. 감사합니다.

홍 사장 : 제시된 고객획득 목표는 너무 의지치만 반영된 것 아닌가? 내가 볼 때는 시장의 수요측면에 대한 정보를 기반으로 하여 유치목표가 정해지는 것이 더 적절할 것 같은데, 그렇게 생각하지 않나? 박 담당! 시장에서 타깃고객으로 추산되는 사람은 얼마나 되고 그중에 얼마 정도가 구매의향을 가지고 있는지, 그래서 유치가 가능한 규모가 어느 정도 되는지를 먼저 밝혀내야 할 것 아닌가? 그래야 달성하려는 의지치와 수요측면의 유치목표 사이에 얼마만한 격차가 있는지를 파악하고, 또 무엇을 어떻게 하여 그 격차를 메울 것인가를 고민하여 마케팅 플랜에다 심어놔야 되질 않겠냐는 말이지…. 자네는 어떻게 생각하나? 설길현 CRM 담당!

설 담당 : 사장님께서 언급하신 유치목표 설정과정에 전적으로 동감합니다. 그런 수요측면에 대한 정보를 충분히 담아서 Top-down보다는 Bottom-up 형식으로 목표를 정해야 현실적인 목표 설정이 되리라 믿습니다. 거기에 더해서, 저는 CRM의 관점에서 박 팀장이 보고한 마케팅 플랜에 몇 가지 추가되었으면 하는 부분을 말씀드리고자 합니다. 발표한 마케팅 플랜에는 고객을 어떻게 유치하겠다는 고객획득 전략과 계획이 구체적이지 못하다고 생각합니다. 무엇보다도 마케팅 플랜은 고객의 니즈Needs를 명확히 파악하고 이를 해결해 주는 솔루션Solution이 담겨 있어

야 합니다. 그런데 그 부분이 명쾌하지 않아 마케팅 플랜의 호소력 있는 내용이 부족하지 않나 생각됩니다. 기본적으로 상품에서든, 가격에서든, 판매촉진에서든, 고객의 니즈를 충족시킬 수 있는 설득력 있는 솔루션이 있어야 고객획득이 가능하지 않겠습니까? 또한 자사에는 설계사, 대리점, 콜센터, 방카슈랑스, 제휴채널, 홈페이지와 외부의 주요 포털 Portal 등을 포함한 여러 유치채널이 있습니다. 그런데 유치목표 30만 명이 현실적으로 가능하다 하더라도, 발표한 마케팅 플랜에는 개별 유치채널별 비용대비 효과를 낼 수 있는 고객유치 수준은 얼마인지, 이를 종합해 보니 총 유치가능 수준이 얼마가 되는지, 이를 실행하는 데 소요되는 시간과 요구되는 자원/예산이 얼마 정도 되는지도 보이지 않아, 과연 예산책정은 물론 예산확보가 되었는지도 분명하지 않습니다. 만일 이러한 부분이 구체적으로 계획되어 있지 않은 채 단순히 유치목표에 대한 담당부서의 의지치만을 반영한 것이라면, 그 설정된 목표를 달성할 가능성은 매우 낮다고 생각합니다. 특히, 유치목표 달성을 위해 꼭 필요한 자원/예산이 확보되어 있지 않다면 설정된 목표를 달성한다는 것은 기적을 기대하는 일과 같습니다. 저는 이렇게 생각하는데, 다른 분들은 어떻게 생각하시는지 듣고 싶습니다. …

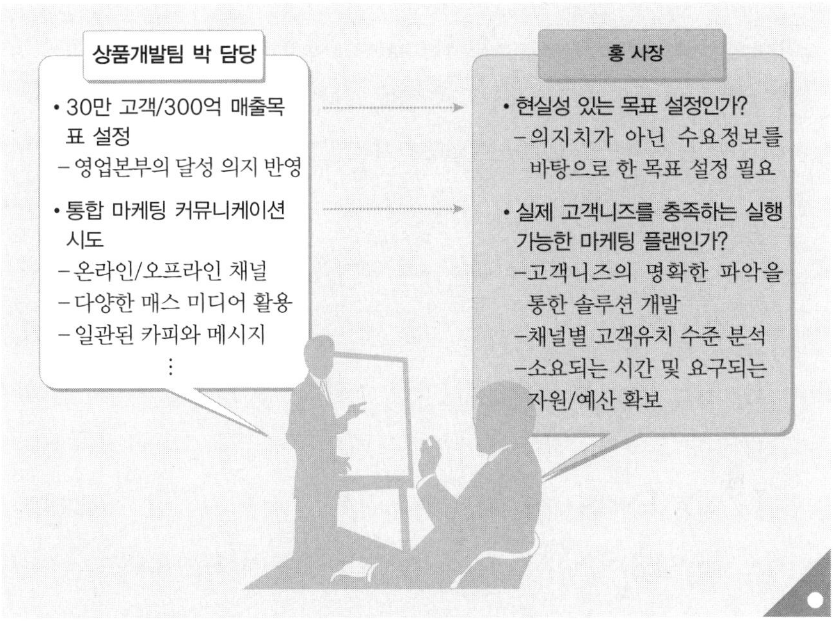

1. 마케팅 플랜Marketing Plan이란 무엇인가?

마케팅 플래닝Marketing Planning이란 일반적으로 기업이 특정 사업에서 달성하고자 하는 목표를 설정하고 무엇을 어떻게 하여 이를 달성할 것인가를 보여주는 마케팅 활동 전반에 걸친 계획을 수립하는 프로세스Process라 할 수 있다. 이 마케팅 플래닝 프로세스Marketing Planning Process 내에서 여러 작업을 수행하여 얻게 되는 산출물이 바로 마케팅 플랜Marketing Plan 이다.

좀 더 구체적으로 말하면, 마케팅 플랜은 사업에 대한 분석을 통해 현재 위치를 점검하고, 수요예측을 기반으로 하여 달성할 목표를 설정한 후, 그

> 마케팅 플랜Marketing Plan이란 목표를 설정하고 이를 달성하기 위해 실행해야 할 일련의 마케팅 활동들과 요건들 그리고 그 활동들의 실행시점과 실행기간을 구체적으로 보여주는 실행계획표라 할 수 있다.

목표를 달성하기 위한 전략, 실행안들이 담겨 있는 마케팅 믹스 등에 대한 구체적인 실행계획을 담고 있는 로드맵Roadmap이라 할 수 있다. 일반적으로 기업에서는 신사업을 시작하거나 신상품을 출시할 때 또는 기존 사업의 다음 회계연도 운영을 준비할 때 마케팅 플랜을 수립하게 된다. 마케팅 플랜은 일정기간 동안, 예를 들어 1년간의 플래닝 사이클Planning Cycle에 맞춰 정기적으로 수립되는 것이 통상적이지만, 신상품 출시 또는 새로운 사업을 전개할 때는 플래닝 사이클과는 상관없이 필요에 따라 작성되기도 한다.

그런데 마케팅 플랜에 대한 정의와 관련하여 가장 강조되어야 할 것은, 바로 마케팅 플랜은 실행Execution을 위한 것이기에 실행의 관점에서 수립되어야 한다는 것이다. 따라서 마케팅 플랜은 구체적으로 실행할 활동들을 담고 있어야 하고 동시에 실행 프로세스를 염두에 두고 그 실행 프로세스 내에서 단계별로 전개될 마케팅 활동에 대한 구체적인 내용과 실행계획을 포함하고 있어야 한다. 기업에서 주어진 목표를 달성하는 데 실행이 중요하다는 것에 이의를 제기할 사람은 없을 것이다. 그런데 목표 달성을 가능하게 하는 효과적인 실행을 위해서는 적절한 목표 설정은 물론 치밀한 액션플랜Action Plan을 수립하는 것이 반드시 선행되어야 한다. 높은 실적에 대한 열망으로 단순히 달성 의지만 반영된 목표 설정이나 근거도 없이 엉성하고 일관성이 결여된 마케팅 플랜에 따라 실행을 하게 된다면, 목표를 달성한다는 것은 지극히 기대하기 어렵다. 설령, 그러한 마케팅 플랜하에서 목표가 달성되었다 해도 이는 그저 요행에 불과할 뿐이고, 더욱이 무엇을 어떻게 하면 개선할 수 있는지 정확히 밝혀내기가 어렵다. 실상, 마케팅 플랜이 어느 정도 구체적이고 실행 가능한가를 살펴보면 목표 달성이 가능할지에 대한 예측을 할 수 있다. 그러므로 마케팅 플랜은 누가, 언제, 무엇을, 어떻게, 어느 기간 동안 할 것인가를 명확히 보여주어 '이렇게 실행하면 되겠구나' 하는 목표 달성에 대한 공감을 제공할 수 있게 수립되어야 마케팅 부서를 넘어 경영층은 물론 유관부서들의 지지를 얻을 수 있을 것이다.

마케팅 플랜이란…

목표 달성을 위한…

- 사업목표 설정
  - 사업분석 및 현재 위치 점검
  - 수요예측 기반 달성목표 설정
- 마케팅 전략 수립
  - 마케팅 활동들과 요건들 정의
  - 마케팅 믹스에 대한 실행계획

…[실행계획표]이다.

- 실행 가능한 사업목표
  - 실적에 대한 의지치가 아닌 실제 수요 기반의 현실적 목표 수립
- 구체적인 활동 정의 및 실행계획
  - 실행 프로세스 내 단계별 활동 및 실행계획 구체화
  - 실행 시점/기간 및 책임 부여

- 목표 및 실행에 대한 피드백 가능
- 실행 가능하다는 공감대 형성으로 경영층 및 유관부서의 지지 확보

2. 마케팅 플랜은 왜 필요한가?

모든 사람들이 일상생활에서 경험하듯 구체적인 목적을 가지고 이를 달성하기 위해 계획Plan을 세우는 일은 목적을 달성하는 데 많은 도움이 된다. 단기적이든 또는 장기적이든 실제 행동으로 옮기려는 것에 대해 구체적인 계획을 세우는 일은 무엇을 어떻게 해서 계획하는 바를 달성하겠다는 의지를 구체화하는 것이라고 할 수 있다. 그런데 계획이 정교하고 치밀할수록 목표하는 바를 달성할 가능성이 높다는 것은 아마도 많은 사람들이 스스로 경험해 보아 어렵지 않게 공감할 수 있을 것이라 생각한다. 이렇게 모든 일에 있어서 짜임새 있는 계획이 중요한 이유는 그렇게 작성된 계획은 목표하는 바를 성공적으로 달성할 가능성을 높여줄 뿐 아니라, 그에 따른 결과를 예측하여 대비할 수 있어 리스크Risk를 최소화할 수 있기 때문일 것이다.

그렇다면 국내에서는 얼마나 많은 기업들이 잘 짜여진 마케팅 플랜을 수립하고 이에 따라 실행하고 있을까? 필자의 관찰에 의하면, 대다수의 국내 기업들에서는 이러한 마케팅 플랜을 수립하고 실행으로 옮기는 마케팅 프랙티스Marketing Practice가 아직까지 체계적으로 정착되어 있지 않다. 국내 기업들이 신상품을 출시하는 경우, 매출이 기대에 미치지 못하거나 때로는 극도로 낮아 실패로 끝나기도 한다. 이러한 경우를 살펴보면, 신상품 출시를 위한 마케팅 플랜이 아예 없거나 있더라도 엉성하고 빈약하여 효과적인 실행이 어려운 경우가 대다수였음을 발견할 수 있었다. 기존 사업의 경우에도 시장과 고객의 변화를 예측하고 정보에 기반하여 적절한 실행안을 포함한 마케팅 플랜 없이, 과거의 관행에 따른 마케팅 활동을 반복한다면 사업이 쇠퇴하는 것은 시간문제이다. 또한 서비스업은 무형적인 상품의 속성을 가시화하여 차별성을 높이고 이를 고객과 커뮤니케이션해야 효과적인 마케팅이 가능하므로, 유형의 상품을 만들어 파는 제조업에 비해 마케팅 플랜을 수립하는 일이 더욱 어려운 동시에 그만큼 중요하다. 그럼에도 불구하고 국내 서비스 업체들이 고객과 시장에 대한 정보를 기반으로 치밀하게 수립된 마케팅 플랜을 가지고 마케팅 활동을 전개해 나가는 경우를 별반 관찰하지 못했다. 따라서 국내기업에서는 마케팅 플래닝이라는 마케팅 프랙티스가 아직은 정착되지 못해 마케팅 플랜의 활용이 제한적이라고 할 수 있다.

그렇다면 국내기업들이 마케팅 플랜을 수립하고 이에 따라 실행한다면 이로부터 얻을 수 있는 유익은 어떤 것들이 있는지를 살펴봄으로써 마케팅 플랜의 필요성을 생각해 보도록 하자.

- **사업의 과학적 실행 또는 체계적 운영** : 마케팅 플랜을 수립하기 위해서는 사업에 대한 깊은 분석이 가장 먼저 수행되어 시장 전체를 이해하고 사업의 현 위치를 점검해야 한다. 그리고 마케팅 플랜을 수립한다는 것은 이러한 분석을 통해 사업의 목표와 전략방향 설정을 위한 밑그림을 만들고, 구체적으로 누가, 무엇을, 언제, 어떻게 할 것인가를 준비하고 실행함으로써 사업을 과학적으로 경영하고 체계적으로 운영해 나갈 수 있게 되어 시행착오를 줄이고 높은 성과를 기대할 수 있다.

- **시장수요예측에 기반한 목표 설정** : 과거에는, 심지어 지금까지도, 많은 기업에서 시장에 대한 데이터나 정보에 기초하여 목표를 설정하기보다,

주관적인 판단이나 추측에 기반하거나 당위적 달성 의지에 의한 수치로 사업목표를 설정하는 경우가 많다. 그래서 실제로 존재하는 시장이 얼마나 되며 또 어느 정도를 현실적으로 달성할 수 있을지에 대한 판단도 없이 무리한 목표를 설정하게 되어 실패로 끝나는, 어쩌면 당연한 결과를 가져오곤 했다. 이와는 달리, 마케팅 플랜은 계량적이고 체계적인 방법으로 불확실한 시장수요를 예측하고 이에 대한 정보를 기반으로 달성 가능한 현실적인 목표를 설정할 수 있도록 도와준다.

- **수행 가능한 최적의 실행안 도출** : 현실적으로 적정한 수준의 목표가 정해졌다면, 기업이 처한 상황에서 가지고 있는 자원과 역량으로 무엇을 어떻게 하여 그 목표를 달성할 것인가에 대한 실행전략과 구체적 마케팅 믹스Marketing Mix를 체계적으로 수립하여 목표 달성의 가능성을 극대화할 수 있게 해 준다. 구체화된 마케팅 플랜은 실제로 해보지 않은 활동들을 미리 고려하여 기획하고, 필요한 마케팅 활동사안에 대해 구체적으로 계획(실제 조치, 실행주체, 책임귀속, 실행시기, 실행비용 등)을 수립하게 해 줌으로써 예상되는 결과를 목표에 대비하여 가시화해 주어, 내재된 불확실성이나 위험을 극소화해 나갈 수 있도록 도와준다. 따라서 마케팅 플랜은 수행 가능한 최적의 실행안을 도출할 수 있게 해 준다.

- **필요 자원의 확보와 효율적 활용 방안 선택** : 마케팅 플랜 수립을 위해 일관성 있고 통합된 접근방법을 사용하면, 목표를 달성하는 데 필요한 자원의 확보와 효율적인 활용이 체계적으로 이루어지며 설정된 목표를

최적의 효율로 달성할 수 있게 도와준다. 적절한 목표가 설정되어 실행 과정에서 자원의 중복사용이나 시간낭비를 최대한 없앨 수 있는 여러 대안들을 마케팅 플랜 수립과정에서 충분히 검토할 수 있으므로, 가장 효율적인 실행방안 모색과 선택이 가능할 수 있다.

■ **과학적 실행과 사후 개선방안 도출** : 마케팅 플랜은, 특히 이 책에서 제시하는 CRM 마케팅 플랜은 CRM 실행 프로세스에 따라 치밀한 실행을 위한 가이드가 될 수 있어 실행에서의 시행착오를 줄일 수 있다. 또한 실행결과를 측정하고 분석하여 차기의 마케팅 실행을 위한 개선책과 개선을 위한 관리방안을 도출할 수 있다. 따라서 이러한 마케팅 프랙티스를 통해 반복적인 실행과 개선을 위한 지속적인 노력으로 조직 전체의 학습과 역량 강화가 가능해 기업의 경쟁력을 제고할 수 있게 된다.

■ **정보와 지식에 기반한 전략수립** : CRM 관점의 마케팅 플랜은 정보와 지식의 중요성과 역할을 강조한다. 시장과 고객에 대한 정보와 지식에 기반한 의사결정이 가능하도록 도와주어 의사결정에 따르는 리스크를 최소화할 수 있게 해 준다. 또한 마케팅 플랜은 과거에 자주 볼 수 있었던 비현실적인 가정 또는 전제에 기초한 전략이 아닌, 정보와 지식에 기반된 전략수립이 가능하도록 하여 올바른 실행방향을 설정할 수 있도록 해 준다.

■ **사내 유관부서와의 효과적인 커뮤니케이션** : 마케팅 플랜은 전사적으로 함

께 협력하여 실행을 담당할 유관부서들과 목표를 어떻게 달성할 것인가에 대한 커뮤니케이션Communication을 하는 데 매우 좋은 수단이 된다. 협의된 내용을 내포한 마케팅 플랜은 그들의 이해를 돕고 지원을 얻는 데 활용될 수 있어 부서 간의 잠재적 충돌을 없앨 수 있게 해 줄 뿐 아니라, 부서 간의 관련된 활동들이 일관성 있게 통합된 마케팅Integrated Marketing이 되도록 도와주어 유관부서 간의 시너지를 가능하게 해 줄 수 있다.

- **미래를 위한 준비와 육성** : 이외에도 마케팅 플랜은 플래닝 과정에서 기업이 가지고 있는 경쟁력의 원천이 무엇인가를 밝혀내고 이를 최대한 활용할 수 있게 도와준다. 마케팅 플랜은 또한 기업의 장기적 목표나 필요한 전략을 수행해 나가는 데 필요한 역량을 밝혀내어, 기업이 앞으로 무엇을 육성해 나가야 할 것인지에 대해 적절한 제시도 할 수 있게 된다.

마케팅 플랜은 위에서 언급한 여러 가지 유익을 가져오므로 기업의 마케팅 활동에 있어서 없어서는 안 될 필수적인 것임에 틀림없다. 그럼에도 불구하고 대다수의 국내기업들은 이를 위한 마케팅 프랙티스가 아직까지 체계적으로 정착되지 못해 잘 준비된 마케팅 플랜을 가지고 효과적인 마케팅 활동을 전개하지 못하고 있는 것이 실상이다. 따라서 잘 짜여진 마케팅 플랜을 준비하여 과학적 경영과 체계적인 마케팅 관리를 하는 선진 기업들과의 경쟁에서 격차를 줄여 나가기 위해서는, 이러한 마케팅 플랜 수립과 활용에 대한 훈련과 실천이 시급하다고 하겠다.

마케팅 플랜의 필요성

마케팅 플랜으로부터 얻을 수 있는 유익

- 사업의 과학적 경영 또는 체계적 운영
- 시장수요예측에 기반한 목표 설정
- 수행 가능한 최적의 실행안 도출
- 필요 자원의 확보와 효율적 활용
- 과학적 실행과 사후 개선방안 도출
- 정보와 지식에 기반한 전략수립
- 사내 유관부서와의 커뮤니케이션 수단
- 미래를 위한 준비와 육성

- 불확실성 및 시행착오 극소화
  - 정보/지식에 기반한 과학적 의사결정
- 효율적이고 강력한 실행력 확보
  - 적확한 솔루션 도출 및 유관부서 커뮤니케이션
- 조직 전체의 장기적 역량 축적
  - 순환적인 플래닝 및 실행, 측정을 통한 지속적 개선

3. CRM 마케팅 플랜이란 무엇이고 기존의 마케팅 플랜과 무엇이 다른가?

먼저, 최근 마케팅 분야에서의 두드러진 변화를 살펴보도록 한다. 과거에 마케팅을 정의할 때는 마케팅 분야에서는 잘 알려진 4P's Product, Price, Place, and Promotion 중심으로 프로세스의 관점에서 기술하곤 했고 미국의 마케팅 협회 American Marketing Association에서도 다음과 같은 정의를 사용했었다.

> " Marketing is the process of planning and executing the conception(product), pricing, promotion, and distribution(place) of goods and services ..."

그러나 2004년부터 미국 마케팅 협회 American Marketing Association에서 새롭게 제시하고 있는 마케팅의 정의에서도 볼 수 있듯이, 이제 마케팅은 4P's에만 머물러서는 안 되고 한층 더 포괄적인 영역으로 확장되고 있음을 볼 수 있다.

> "Marketing is an organizational function and a set of processes for creating, communicating, and delivering value to customers and for managing customer relationships in ways that benefit the organization and its stakeholders."

위에 제시된 마케팅의 새로운 정의는 4P's 관점에서 기술된 이전의 마케팅에 대한 정의와는 확연히 다르다. 이 새로운 정의를 살펴보면, 크게 두 가지로 요약될 수 있는데, 하나는 고객가치 창조 또는 혁신Customer Value Creation or Innovation[1]이고, 다른 하나는 바로 고객관계 관리Customer Relationship Management : CRM[2]이다. 따라서 이 새로운 마케팅에 대한 정의는 마케팅의 영역과 내용을 과거와는 달리 제시하고 있다는 것을 알 수 있다. 무엇보다도 이 새로운 정의는 고객의 중요성을 강조하면서 고객을 위한 가치 창조/혁신을 통해 고객과의 관계를 관리하고자 하는 것이 두드러진 특징이라 할 수 있겠다.

많은 외국기업들은 오래 전부터 마케팅 플랜의 중요성을 인식하여, 마케팅 활동을 전개하기 전에 잘 준비된 마케팅 플랜을 마련하고 이에 따라 체계적으로 실행해 나가는 마케팅 프랙티스를 실천해 오고 있다. 그리고 마케팅 플랜에 대한 외국서적[3]들은 여태까지 사용해 온 기존의 마케팅 플랜들의 전형적인 모습을 보여주고 있다. 그런데 마케팅의 새로운 정의에 비추어 보면 이런 기존의 마케팅 플랜 책들은 마케팅에 있어서의 새로운 변화를 반영하지 못하고 있다. 좀 더 구체적으로 생각해 보면, 마케팅 실행에 있어서 반드

1) 이 책에서는 고객가치 창조(Customer Value Creation) 또는 고객가치 혁신(Customer Value Innovation)을 크게 내용이 다르지 않은 것으로 간주하여 교호적으로 사용하고자 한다.

2) CRM 경영방식은 기존의 사업/상품 중심의 경영방식과는 달리, 고객중심적 경영체제로서 고객과 기업 간의 관계라는 관점에서 고객과의 관계를 구축하고 강화시켜 로열티가 높은 평생고객으로 육성하여 고객의 평생가치를 극대화하고자 하는 경영방식을 말하는데, 구체적인 설명은 최정환의 「과학적 경영을 위한 CRM」(2005)을 참고하기 바란다.

3) Roman G. Hiebing Jr. & Scott Cooper의 *The Successful Marketing Plan*(2003)이나 Peter Knight의 *The Highly Effective Marketing Plan*(2004) 등을 예로 들 수 있다.

시 있어야 하는 프로세스 부분 또는 고객관점의 전략과 마케팅 믹스 부분, 고객의 초기구매를 넘어 재구매 관련부분, 성과측정, 과정관리와 사후관리 부분 등에 대한 보완이 절실히 필요하다. 따라서 여기서는 이러한 부분들을 살펴보고, 이에 대한 보완책으로 이 책에서 제시하는 CRM 마케팅 플랜이 가지고 있는 차별점을 구체적으로 소개하고자 한다.

■ 가장 먼저 언급하고자 하는 차별점으로, CRM 마케팅 플랜은 과거에는 4P's 중심이었던 마케팅을 고객중심적 마케팅으로 변화시켜야 한다는 것을 분명히 하고 있다는 것이다.

기존의 마케팅 플랜들은 고객에 대한 데이터를 기반으로 하여 심화되는 시장경쟁에 대처해 나가는 데 없어서는 안 될 고객전략과 CRM 솔루션/프로그램에 대한 고려가 부족하다. 특히, 장기적인 관점으로 영업의 기반이 되는 고객관계 관리가 미흡하다. 고객이 초기구매 후에 어떻게 그 고객과의 관계를 강화시켜 재구매/반복구매를 유도하여 평생고객으로 만들어 갈 것인가에 대한 내용을 기존의 마케팅 플랜들은 담아내지 못하고 있다. 기존의 마케팅 플랜에서는 장기적인 시각에서보다는 단기적 매출증대 등의 재무적인 목표 달성에 주로 역점을 두고 있으며 고객중심적이 아닌 오히려 상품중심적인 모습들도 발견된다. 마케팅 분야에 종사하는 실무자들이 인식해야 하는 것은 고객유지를 염두에 두지 않고, 단순히 단기적인 매출증가에만 초점을 맞춘 밀어내기식의 마케팅은 장기적으로 지속적인 성장을 이루어 나가기가 어렵다는 것이다. 단기적 매출증가가 반드시 고객의 니즈를 충족시켜 주는 것이 아님은 물론 고객이 장기적으로도 재구매/반복구매를 할 것이라는 의미는 아닐 것이다. 오히려 장기적으로 반복해서 고객의 니즈를 충족시키려는 CRM 관점에서의 마케팅 활동을 해 나간다면, 지속적으로 고객의 니즈를 충족시킬 수 있어 초기구매를 넘어 반복구매를 유도할 수 있게 될 것이다. 이렇게 되면 장기적 또는 평생 고객으로 발전시키고 오래도록 고객을 유지할 수 있어 결과적으로 지속적인 매출증가를 가능하게 할 수 있다. 이렇게 기존의 마케팅 플랜과는 구별되는, 고객중심적인 CRM 마케팅 플랜이 바로 이 책에서 새로이 제안하고자 하는 차별점이다.

■ 기존의 마케팅 플랜과는 달리, CRM 마케팅 플랜이 강조하고자 하는 것은 시행착오를 줄여 효율적인 실행을 가능하게 하고 동시에 반복학습을 통한 개선을 가능하게 해 줄 수 있는 CRM 실행 프로세스, 즉 계획Plan → 실행Execution → 실행결과 측정Measuring → 분석Analysis으로 구성된 실행 프로세스에 따라 마케팅 활동이 진행될 수 있도록 수립된 마케팅 플랜이라는 것이다.

앞에서도 언급했듯이 마케팅 플랜은 실행을 위한 것이므로 실행을 강조해야 하는데, 기존의 전형적인 마케팅 플랜은 실행 프로세스의 측면이 미흡하다. 과거의 마케팅 플랜들은 CRM의 관점에서 반복적 학습을 통해 지속적으로 개선해 나갈 수 있는 순환적 CRM 프로세스Circular

CRM Process를 염두에 두고 작성되지 못하여 효율적인 실행과 실행의 연속성이 간과되었다고 생각한다. 이런 관점에서 기존의 마케팅 플랜 형식을 탈피하여, 시장과 고객에 대해 가용할 수 있는 모든 정보를 활용하여 목표를 설정하고, 어떤 전략과 어떤 마케팅 활동을 어떻게 전개하여 목표를 달성할 것인가에 대한 활동계획을, 시행착오를 줄일 수 있는 실행 프로세스와 더불어 세워나가야 한다. 계획단계, 실행단계, 성과측정단계, 지속적인 개선을 위해 개선안을 도출하는 분석단계로 구성되는 단계별 이행을 고려하는 마케팅 플랜을 세운다면, 이는 자연히 CRM 프로세스가 내재된 CRM 마케팅 플랜이 되는 것이다.

■ 이 책에서 제시하는 CRM 마케팅은 기존의 매스 마케팅Mass Marketing과 뚜렷한 차이점이 있다. 여태까지의 마케팅은 불특정 다수를 대상으로 하는 매스 마케팅이므로 실제로 목표가 되는 개별 고객에 대한 정보가 없어, 한명 한명이 어떤 고객인지 알지 못한 채 실행된다. 반면 CRM 마케팅은 목표로 하는 대상고객의 접촉정보를 가지고 Precise Targeting을 한다는 것이 확연히 구별되는 부분이다. CRM 마케팅 플랜에서 다루는 마케팅 캠페인이나 로열티 프로그램 등을 포함하여 모든 CRM 솔루션은 개별 고객의 접촉정보를 가지고 실행하는 것이다.

■ 기존의 마케팅 플랜 책들에서 또 하나 미흡한 부분으로 발견되는 것은 데이터에 기반한 계량적인 접근방법이다. 모든 결과에는 원인이 있듯

이, 어떤 개별 마케팅 활동을 어느 정도의 비용으로 실행하면 이로부터 얻게 되는 성과는 어떤 것이고 또는 재무적인 측면에서 어떤 변화가 발생할 것인지를 예측하여 제시할 수 있어야 한다. 그리하여 계획된 모든 개별 활동들의 예측되는 성과를 고려해 보고, 전체적으로 기대되는 성과를 제시하여 계획된 활동을 수행하면, 실제로 목표 달성이 가능할 수 있는지를 마케팅 플랜에서 사전적으로 보여주어야 하는 것이다. 물론 예측에는 반드시 오차라는 것이 존재하기 마련이라 완벽한 성과예측은 어렵다. 하지만 이러한 작업들이 반복되어 학습이 이루어지면 과학적 경영을 위한 조직의 역량이 강화될 수 있다. 따라서 CRM 마케팅 플랜에서는 이러한 계량적인 접근방법을 제시하고자 한다.

마케팅 플랜을 수립할 때 목표를 달성하기 위해 5가지 활동, 즉 A, B, C, D 그리고 E라는 활동을 하고자, 그 활동들에 대한 구체적인 실행계획을 수립했다고 하자. 이때 자연히 생겨나는 질문은 위의 5가지 활동을 계획대로 실행하면, 목표가 달성될 수 있는가라는 것이다. 이 질문에 대한 답변을 찾는 과정에서, 계획된 5가지 마케팅 활동을 실행으로 옮길 때 각각의 활동으로부터 기대되는 성과는 어떻고, 이를 합하면 총체적 성과가 어느 정도 될 것이며 그 정도면 설정된 목표를 달성할 수 있는지를 계량적으로 점검해 볼 수 있게 된다. 그리고 이러한 논리를 정량적인 근거로 제시하면 유관부서와도 효과적인 커뮤니케이션이 될 수 있다. 이러한 계량적인 부분, 특히 추정을 위한 통계적 모델이나 시뮬레이션 기법들을 이용한 개별 마케팅 활동의 기대효과예측 부분은 기존의 마케팅 플랜에서 매우 미흡한 부분이다. 따라서 이 책에서 제시하고자 하는 CRM 마케팅 플랜에서는 필요한 사후관리와 반복되는 마케팅 활동의 지속적인 개선을 가능하게 만드는 이러한 계량적인 부분도 다루어 보고자 한다.

CRM 마케팅 플랜의 차별성

기존 마케팅 플랜	CRM 마케팅 플랜
• 상품중심적인 단기적 기획 –4P's 관점의 단발성 기획 –단기적인 매출증가 목표	• 고객중심적인 장기적 관리 –니즈 충족을 통한 재구매/반복구매 유도 –장기적인 고객유지를 통한 성과향상
• 단발성 마케팅 전략 실행반복 –효율적이고 연속적인 실행간과로 반복학습을 통한 역량축적 불가	• 순환적 프로세스를 통한 효과적 실행 –[계획→실행→측정→분석]으로 구성된 지속적인 실행 및 개선안 도출
• 매스 마케팅(Mass Marketing) –불특정 다수를 대상으로 자원의 비효율적 활용 우려	• Precise Targeting –개별 고객의 접촉정보를 통한 목표고객에 최적화된 마케팅 활동 가능
• 담당자 직관에 기반한 추상적 접근 –고객과 시장에 대한 정보부재로 인해 불확실한 마케팅 활동 및 성과측정 불가	• 데이터에 기반한 계량적 접근 –계획된 개별 활동들의 통계적 모델 및 시뮬레이션으로 정량적인 성과예측

4. CRM 마케팅 플랜의 주요 구성요소들은 어떠한 것들인가?

CRM 마케팅 플랜은 기업이 처한 상황을 분석하고, 수요예측을 기반으로 목표를 설정하고, 어떠한 전략하에서 어떠한 마케팅 변수들을 어떻게 활용하여 설정된 목표를 달성할 것인가에 대한 구체적인 실행계획을 담고 있는 로드맵Roadmap이라 할 수 있다. 이러한 마케팅 플랜을 작성하기 위해서는 다음과 같은 일련의 핵심 비즈니스 질문Business Question들을 던지고 그 질문들에 대한 답변을 구해 보는 노력을 통해 먼저 전체적인 그림을 그려보는 것이 좋을 것이다. 먼저, 핵심 비즈니스 질문들이 어디서 어떻게 연결이 되는지에 대한 큰 그림을 그려보는 데 도움이 될 수 있는 한 가지 비유를 들고자 한다.

CRM 마케팅 플랜과 여행계획

기업이 현재의 위치를 파악하고 앞으로 달성하고자 하는 목표를 설정한 후 이를 어떻게 달성할 것인가에 대한 로드맵이 여기서 우리가 작성하고자 하는 CRM 마케팅 플랜이라고 한다면, 이는 마치 사람이 여행을 떠나는 상황에 비유할 수 있다고 생각한다. 여행을 떠날 때, 사람들은 처한 상황과 이에 따른 필요를 인식하여 출발점을 파악하고 목적지를 정하게 된다. 예를 들어 서울을 출발지로, 부산을 최종 목적지로 정하고 여행을 떠난다고 하자. 일단, 부산이라는 목적지가 정해지면, 어느 길로 또는 어떤 방향으로 무엇을 타고 어디를 거쳐 어떻게 갈 것인지를 정해야 할 것이다. 다시 말하면 부산까지 자동차, 고속버스, 비행기 등 중에서 어떤 교통수단으로 어디를 거쳐가며, 구체적으로 무엇을 하면서 갈 것인지를 정해야 할 것이다. 예를 들어, 목적지인 부산에 자동차로 경부고속도로를 타고 간다(전략)고 정했다면, 그 다음으로는 그 고속도로를 따라 구체적으로 무엇을 어떻게 하면서 갈 것인가를 결정해야 할 것이다. 출발지에서 자동차에 주유를 하고, 어느 지점에서 휴식을 취하고, 어디쯤에서 어떻게 식사하고 등등 구체적인 활동(마케팅 믹스)을 결정해야 하고, 이를 실행할 실행계획을 세워 행동으로 옮겨야 할 것이다. 실행계획에 따라 정해진 고속도로로 자동차를 타고 이동하면서 계획된 일이나 활동들이 목적지에 도착할 때까지 계획대로 잘 진행되는지도 점검한다. 실제로 목적지에 도착했을 때는 실제 얼마만큼의 시간이 소요되었는지, 휘발유는 얼마나 소비되었는지 중간에 식사나 휴식은 실제로 언제 했는지 등을 측정하여 데이터로 남겨둔다. 마지막으로, 측정을 통해 얻어진 데이터를 통해 실행결과를 계획과 대비하여 비교 · 분석해 보고, 시간이 계획보다 더 많이 걸렸

	현재 위치?	목표?	어떻게 목표 도달?	무엇을 하면서?	실행은 어떻게?	결과는?	개선은 어떻게?
여행	• 서울	• 부산	• 자동차 이용 • 경부고속 도로	• 주유 위치 • 휴식 지점 • 식사	• 도착할 때까지 지속적 점검	• 실제 소요 시간 • 휘발유 소비 • 실제 휴식 및 식사시간	• 왜 늦었나? • 휴식 없애고 식사시간 연장
비즈니스	• 기업의 현황 • 시장 위치	• 구체적 전략 목표	• 실행전략 수립	• CRM 마케팅 믹스 수립	• 실행 계획 구체화 • 마케팅 활동 수행	• 측정계획 구체화 • 모니터링 및 결과 측정	• 개선을 위한 분석 • 사후 관리

다면 무엇이 문제였는지 또 식사나 휴식은 적절하게 되었는지, 다음에는 그 정도 거리의 주행에는 휴식을 없애고 식사시간만 늘려도 되겠는지 등을 분석하고 개선사항을 도출하여 더 효과적인 차기 여행을 위해 활용토록 하는 것이 필요할 것이다. 이같이 여행계획을 짜는 것에 비유하여 CRM 마케팅 플랜을 생각해 보면, 이에 대한 전체적인 그림을 그려보는 데 핵심적인 질문들이 어떤 것들이 되어야 하는지에 대해서도 생각해 볼 수 있으리라 생각된다.

CRM 마케팅 플랜을 작성할 때는 다음의 7가지 핵심 질문에 대한 답변을 찾는 시도를 사전에 해보는 것이 꼭 필요하다.

7가지 핵심 Business Question

1	• Where are we now?	• 우리의 현재 위치는 어디인가?
2	• Where do we want/need to be/go?	• 우리가 가고자 하는, 또는 가야 하는 위치/목표는 어디인가?
3	• Which way and how do we get there?	• 어느 길/방향으로, 또 어떻게 그곳에 도달할 것인가?
4	• What specific things are we going to do along the way?	• 선택한 길/방향을 따라 어떤 구체적인 것들을 하면서 갈 것인가?
5	• How do we get and keep things going as planned?	• 어떻게 계획한 대로 진행될 수 있도록 할 것인가?
6	• What do things end up with?	• 실행의 결과는 어떠한가?
7	• What should be done for improvement?	• 개선을 위해 해야 하는 것은 무엇인가?

이제 위에서 언급한 일련의 비즈니스 질문들과 연계하여 CRM 마케팅 플랜에서 다루게 될 내용을 생각해 보도록 하자.

CRM 프로세스의 첫 단계가 되는 **계획단계**에서 당면하게 되는 질문은 마케팅 활동을 전개한다면 가장 먼저 그 마케팅 활동을 통해 달성하고자 하는 목적은 무엇인가라는 것이다. 즉, 이는 무엇을 달성하기 위해 또는 어디에 도달하기 위해 마케팅 활동을 전개할 것인가Where do we want to be/go?라는 질문으로, 바로 기업이 마케팅 활동을 통해 얻고자 하는 것 또는 도달하고자 하는 종착점에 대한 것이다. 그런데 종착점을 정하기 위해서는 반드시 출발점이 주어져야 하듯이, 마케팅 활동의 가시화된 목적을 정하기 위해서는 현시점에서 기업의 현황과 시장위치에 대한 질문Where are we now?이 선행되어야 한다. 이 질문에 대한 답변이 바로 시장분석을 포함한 비즈니스 분석Business Analysis[4]으로 마케팅 활동의 목적 또는 구체적 목표를 설정하는 데 근간이 되는 것이다. 이 두 가지 질문에 대한 답변으로 마케팅 활동의 출발점과 도달하려는 종착점이 설정되면, 또 다른 두 가지 질문이 자연스럽게 따라나오게 된다. 이 중 하나는 바로 출발점으로부터 설정된 종착점까지 어떻게 갈 것인가How do we get there?로, 이는 실행을 위한 전략에 대한 것이다. 다른 하나의 질문은 그 전략적 방향에 맞추어, 전술적인 차원에서 어떤 구체적인 마케팅 믹스를 실행하여 목표를 달성할 것인가What specific things are we going to do along the way?라는 것이다.

4) Business Analysis is the set of tasks, knowledge, and techniques required to identify business needs and determine solutions to business problems.

이렇게 마케팅 활동의 목표, 실행전략과 CRM 마케팅 믹스CRM Marketing Mix가 CRM 프로세스의 계획단계에서 마련되면, 두 번째 단계는 수립된 계획에 따라 마케팅 활동이 실제로 전개되는 **실행단계**에 들어가게 된다. 이 실행단계에서 중요한 것은 어떻게 하면 계획된 대로 실행이 이루어질 수 있을까How do we get and keep things going as planned?라는 것이다. 일단 마케팅 활동이 CRM 프로세스를 따라 전개되면, 세 번째 단계인 **측정단계**에 접어들게 되고, 이 측정단계에서는 마케팅 활동의 진행상황을 모니터링하고 사후 실행결과를 계량화하여 측정하여야 한다. 그러므로 이 측정단계에서 답변하여야 할 질문은 마케팅 활동이 어떻게 실제로 진행되고 있고 그 결과는 어떠한가What do things end up with?라는 것이다. 실행이 끝나 실행결과를 측정하는 단계가 마무리되면, 이 CRM 프로세스 내에서 마지막 단계인 **분석단계**를 거쳐야 한다. 이 분석단계에서는 측정된 데이터를 이용하여 설정된 목표와 측정된 실제결과를 비교/분석하여 목표가 달성되었는지, 달성이 안 되었으면 무엇이 원인이고 무엇을 어떻게 해야 개선할 수 있는지에 대한 질문What should be done for improvement?을 다루게 된다. 이 질문에 대한 답변으로 측정된 데이터를 어떻게 분석하여 어떠한 개선안을 도출할 것인가에 대한 분석계획이 사전에 마련되어 CRM 마케팅 플랜의 내용으로 구성되어야 한다. 이렇게 마케팅 활동이 CRM 프로세스의 단계별로 전개되면서 당면하게 되는 비즈니스 질문들을 생각해 보면, 이러한 질문들에 대한 답변들이 바로 CRM 마케팅 플랜을 구성하는 주요 요소가 된다는 것을 알 수 있다. 이러한 질문들을 통해 이루어지는 CRM 마케팅 플랜은 마케팅 활동의 목표를 정하고 이를 어떻게 달성할 것인가에 대한 전체적인 로드맵이 되는 것이다.

마케팅 플랜은 마케팅 활동을 위한 것이므로, 실행 프로세스 내에서 단계별로 요구되는 작업들에 대한 구체적인 내용을 담아 실행으로 인도할 수 있도록 만들어져야 한다. 따라서 이 책에서 제안하고자 하는 CRM 마케팅 플랜에서는 단계별로 전개될 실행작업들이 CRM 마케팅 플랜의 핵심 구성요소가 된다. 위에서 소개한 대로 CRM 프로세스는 i) 실행계획, ii) 실행, iii) 실행결과 측정, iv) 실행결과 분석이라는 4가지 단계로 이루어져 있어, 각 단계에서 실행할 작업에 대한 계획과 내용들이 구체적으로 CRM 마케팅 플랜에 담겨야 한다. CRM 프로세스의 각 단계별로 수행되는 작업들과 CRM 마케팅 플랜이 갖추어야 할 구성요소들 간의 연관은 다음과 같다.

CRM 프로세스의 첫 번째 단계인 계획단계에서는 먼저 정보를 수집하고 시장분석을 포함한 비즈니스 분석을 수행하여 현재 위치를 파악한다. 사업

CRM 프로세스 수행작업 및 CRM 마케팅 플랜 구성요소

	프로세스 단계별 수행작업	필요한 구성요소
계 획 (Plan)	• 사업의 현황 및 현 위치 파악을 위한 비즈니스 분석 • 달성할 구체적 목표 설정 • 실행전략 수립 • CRM에 기반한 마케팅 믹스 수립	• 비즈니스 분석결과 • 설정된 목표(Established Goals) • 수립된 실행전략 • 실행될 CRM 마케팅믹스 (CRM Marketing Mix)
실 행 (Execution)	• 실행계획 구체화 • 실행계획에 따른 마케팅 활동 수행	• 실행계획
측 정 (Measuring)	• 측정체계 개발과 측정계획 구체화 • 실행과정 모니터링과 실행결과 측정	• 측정체계와 실제 측정계획
분 석 (Analysis)	• 개선을 위한 분석계획 수립 • 분석과 사후관리	• 개선안 도출을 위한 분석계획

의 판매예측을 토대로 구체적인 사업목표를 설정하고, 이를 달성하는 데 필요한 전략과 구체적인 행동으로 옮길 고객관계 관리를 위해 필요한 CRM 솔루션을 포함한 CRM 마케팅 믹스CRM Marketing Mix를 구축해야 한다. 또한 실행단계를 인도할 실행계획, 측정단계에서 실행과정을 모니터링하고, 실행결과를 측정하는 데 필요한 측정체계Measurement System 준비와 측정계획, 그리고 측정을 통해 얻은 데이터를 분석하여 개선안을 도출하기 위한 분석계획Analysis Plan을 포함하여 실행에 필요한 모든 준비와 계획을 수립하는 작업들이 수행되어 CRM 마케팅 플랜이 구성되는 것이다. 이렇게 CRM 프로세스를 염두에 두고 CRM 마케팅 플랜을 수립할 때 실행을 위해 요구되는 작업은 구체적으로 어떤 것이 되어야 하는지를 사전에 깊이 생각해야만 효과적인 CRM 마케팅 플랜 산출이 가능할 것이다.

마케팅 플랜에 관하여 – 정리

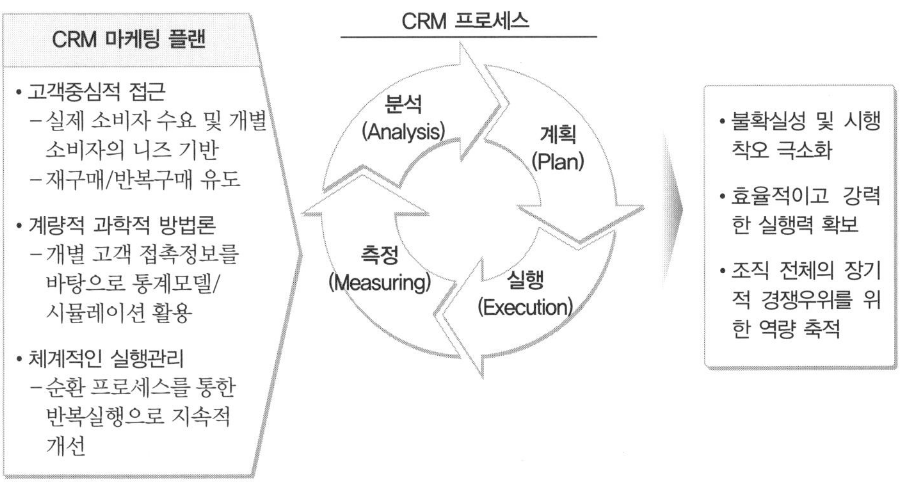

PART II

CRM 마케팅 플랜의 7가지 핵심 구성요소

1 비즈니스 분석(Business Analysis)
2 설정된 사업목표(Established Goals)
3 실행전략(Actionable Strategies)
4 CRM 마케팅 믹스(CRM Marketing Mix)
5 CRM 마케팅 믹스를 위한 실행계획(Execution Plan)
6 측정계획(Monitoring and Measurement Plan)
7 개선을 위한 분석(Analysis for Improvement)

이제부터 이 책에서 제안하는 CRM 마케팅 플랜의 7가지 핵심 구성요소를 하나씩 논의해 보고자 한다. 동시에 각각의 핵심 요소를 갖추어 나가는 데 필요한 정보요건Information Requirement은 어떠한 것들이 있는지도 살펴보도록 한다. 이와 더불어 7가지 핵심 요소들의 산출물을 도출하는 데 활용되는 데이터/정보 분석기법 또는 분석도구 등도 소개하고자 한다. 앞에서 설명한 대로, CRM 실행 프로세스에 연결된 CRM 마케팅 플랜을 구성하는 핵심 요소를 7가지로 정리하여 가시화해 보았다.

CRM 프로세스와 CRM 마케팅 플랜의 7가지 구성요소

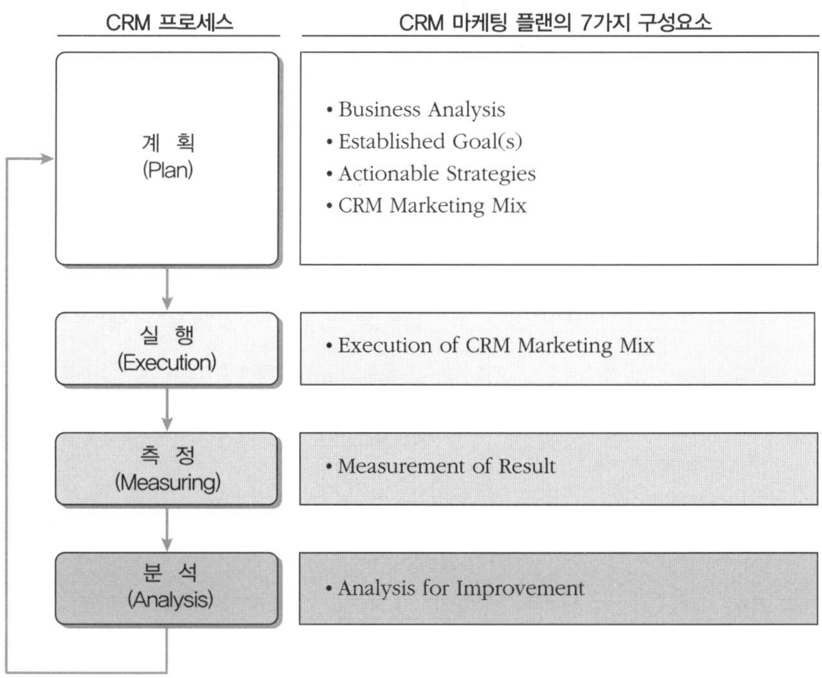

여기서 한 가지 언급하고자 하는 것은 CRM 마케팅 플랜의 7가지 핵심 요소는 시간적으로 전후관계가 명확한 것들도 있지만 어떤 경우에는 동시에 진행될 수 있는 것들도 있다. 따라서 여기서 전개되는 7가지 핵심 요소에 대한 논의의 전후 순서가 반드시 실행상의 선행/후행 관계를 나타내지 않는다는 것을 기억하면서 각각의 핵심 요소들을 살펴보기로 하자.

1. 비즈니스 분석 Business Analysis

마케팅 플랜을 수립할 때 가장 먼저 하게 되는 것은 사업이나 상품과 관련하여 시장에서 기업의 현재 위치를 찾아보고, 이를 기반으로 마케팅 활동의 출발점을 설정하는 것이다. 다시 말하면 Where are we now?라는 질문에 대한 답변을 찾는 작업으로 볼 수 있다. 이 작업이 중요한 이유는 기업의 현재 위치를 정확히 파악해야만, 이를 기반으로 마케팅 활동의 종착점이 되는 목표를 적절하게 설정할 수 있기 때문이다. 이를 위해 하게 되는 작업이 바로 비즈니스 분석이다. 비즈니스 분석의 내용은 업종이나 상품에 따라 달라질 수 있지만, 여기서는 시장에 대한 전반적 특성과 환경을 다루는 시장분석Market Analysis과 시장을 구성하는 고객과 경쟁사에 대한 분석, 즉 고객분석Customer Analysis과 경쟁사분석Competitor Analysis을 중심으로 살펴본다. 위의 분석들을 수행하는 데 필요한 작업, 작업에 활용되는 분석도구, 작업으로부터 기대되는 산출물에 대한 예시와 더불어 CRM 마케팅 플랜을 논의해 본다.

(1) 시장분석Market Analysis

시장분석이란 기업이 비즈니스를 하고 있는 시장 전체와 이를 둘러싼 환경에 대한 분석이라고 할 수 있다. 시장분석에서는 보통 시장의 정의와 영역, 대상이 되는 시장규모Addressable Market Size, 시장의 특성과 추세, 그리고 시장환경 요소 등을 다루게 된다. 이런 시장분석은 기업이 비즈니스의 대상인 시장 전반에 대해 다양하게 분석함으로써 향후 수립하려는 CRM 마케팅 플랜을 위한 바탕그림을 제공할 뿐 아니라 마케팅 활동의 출발점과 목표를 설정하는 데 활용된다.

- **시장의 정의**Definition : 전통적으로 시장을 정의할 때는 상품이나 서비스 또는 비즈니스 모델이 중심이 되어 왔다. 그러나 여기서는 CRM의 관점에서 고객이 될 소비자 또는 최종사용자End-user의 특정 니즈를 중심으로 시장을 정의하는 것을 제안하고자 한다. CRM 마케팅 플랜은 상품중심적이 아닌 고객중심적 사고로 수립되어야 시장에서 성공할 가능성이 높다고 생각하기 때문이다. 시장이란 고객이 가지고 있는 동일한(또는 동일한 종류로 분류할 수 있는) 니즈를 충족시킬 수 있는 모든 상품(또는 서비스)의 거래가 이루어지는 공간이다. 적절한 시장의 정의는 시장점유율 추산, 성장추세 추정, 목표고객 선정, 경쟁대상 인식, 시장영역의 구분, 그리고 목표와 전략의 수립 등을 위해 매우 중요한 역할을 한다.

- **시장의 규모와 성장 잠재력**Addressable Market Size and Growth Potential : 기존 상품일 경우에는 과거 매출 데이터Sales Data가 존재하므로 매출 데이터를 사용한 매출예측기법Sales Forecast Techniques을 통해 다음 기간을 포함하여 가까운 미래의 매출을 예측하고 이를 기반으로 하여 매출과 시장 전체의 잠재적 규모를 추정하곤 한다. 반면, 신규 상품일 경우에는 과거의 매출 데이터가 존재하지 않는다. 따라서 시장 전체에서 대상고객으로 선정한 목표고객들 중 어느 정도가 그 신규 상품을 구입할 의향이 있는가에 대한 구매의향 데이터를 수집하고 이를 기반으로 매출을 추정하는 것이 일반적이다. 시장의 성장 잠재력은 매출 데이터와 재구매의향에 대한 서베이 데이터와 더불어 시장에 영향을 주는 변수들에 대한 데이터를 활용하여 다양한 정량적인 기법으로 예측하곤 한다. 여기서 한 가지 언급하고자 하는 것은 시장규모예측, 매출예측, 성장 잠재력 등을 예측할 때 사용하는 예측모델이나 현행 예측작업은 가용한 과거나 현재 데이터를 이용하여 가까운 미래를 예측한다는 것이다. 기업에서 수행되는 이러한 예측작업에 대한 암묵적인 가정은 과거 또는 현재에 관찰해 온 패턴Pattern이 미래에도 반복될 것이라는 것이다. 그러나 시장은 항상 동적으로 변화하고 있고 과거와 현재에 관찰이나 경험해 보지도 못했던 현상이 얼마든지 발생할 수 있어 미래를 예측할 때는 많은 주의를 요한다고 하겠다. 과거에 전형적으로 수행해 온 매출/수요예측 모델처럼 하나의 예측치에 의존하여 의사결정을 하는 것보다는, 도출된 예측치와 더불어 미래에 대한 여러 가지 시나리오나 시뮬레이션을 통해 미래에 대한 적절한 준비와 대응을 도출할 수 있

는 형태로 예측하는 것이 필요하다고 하겠다.

■ **시장의 특성**Characteristics**과 시장의 추세**Trends : 시장의 특성은 시장의 정적인Static 모습을 이해하는 데, 그리고 시장의 추세는 시장의 동적인 Dynamic 모습을 이해하는 데 필요하다. 시장의 특성은 시장의 구조/구성을 포함하여 이 시장을 정의하는 데 없어서는 안 될 부분이나 다른 시장과의 두드러진 차이점들로, 해당 시장을 이해하는 데 도움이 된다. 반면, 시장의 추세는 시장의 동적인 모습과 동적 변화의 요인을 보여주는 것으로, 지속적으로 변화하는 시장의 모습을 보여준다. 이러한 시장의 변화는 종종 새로운 기회나 위협의 원천이 될 수 있기에 이것 또한 중요하다. 시장의 추세는 산업마다 다르지만 가격민감도의 변화, 고객들의 다양성에 대한 요구, 서비스와 지원에 대한 강조 수준, 그리고 지역별로 나타나는 추세 등도 언급될 수 있다.

■ **시장환경 요소**Environmental Factor**의 변화** : 시장을 둘러싸고 있는 다양한 요소의 변화와 이로 인한 시장 자체의 변화를 주로 보여준다. 보통은 기술적 · 법제적 · 정책적 · 사회적 · 문화적 요소들과, 경제 전체와 경기 측면에서의 다양한 요소들의 변화를 보여준다. 시장환경의 변화를 분석할 때는 이러한 변화가 가져올 수 있는 새로운 비즈니스 기회Business Opportunities, 기존 영업의 리스크Risk, 그리고 부정적인 영향을 줄 수 있는 위협Threats 등도 점검하는 것이 필요하다. 이를 위해 주로 상황분석Situation Analysis이 실행된다(상황분석을 위한 상세한 자료

는 Appendix를 참고하기 바란다.).

비즈니스 분석(Business Analysis) – 시장분석

	내 용	
시장의 정의	• 고객 및 사용자의 니즈 중심 정의 – 고객이 가지고 있는 동일한 니즈를 충족시키는 재화 및 서비스가 거래되는 공간	
규모 및 성장성	• 과거 매출 데이터 및 구매의향 데이터로 예측 – 예측치와 더불어 여러 가지 시나리오 혹은 시뮬레이션을 통한 동적 변화 대비 필요	CRM 마케팅 플랜에 대한 바탕그림 제공 및 마케팅 활동의 출발점과 목표 설정
특성 및 추세	• 시장의 필수요건 및 타 시장과의 차별성 – 구조/구성 등 정적인 요건 • 시장의 동적인 모습과 변화의 요인 파악 – 가격민감도, 고객니즈, 서비스 요구 수준 등의 변화 – 새로운 기회나 위협의 원천	
환경변화	• 시장환경 요소로 인한 비즈니스 기회나 위협 점검 – 기술적 · 법제적 · 정책적 · 사회적 · 문화적 요소들과 경제 전체 및 경기 측면에서의 변화	

(2) 고객분석 Customer Analysis

고객분석은 기본적으로 기업이 제품이나 서비스를 포함한 솔루션을 제공하는 대상이 되는 목표고객에 대한 분석이다. 기업의 관점에서 핵심 질문이 되는 것은 특정 니즈를 가지고 있는 고객들을 대상으로 어떠한 솔루션으로 그들의 니즈를 충족시켜 기업이 제공하는 오퍼 Offer를 구매하게 할 것인가 이다. 이 질문에 대한 답변을 찾는 과정을 보통 간단히, STP[1] Segmentation-

Targeting-Positioning라고 한다. 어떠한 사업에서든지 목표고객을 명확히 선정한다는 것은 사업의 성공을 위해 매우 중요하다. 뚜렷한 목표고객군 없이 시장의 모든 고객을 대상으로 자원을 넓게 펼치는 매스 마케팅이 더 이상 효과적이지 못하다는 것은 이미 잘 알려진 사실이다. 고객의 니즈를 파악하고 효과적인 마케팅 활동을 전개하기 위해서 잊어서는 안 될 것이 바로 세분화이다. 고객들은 본원적으로 여러 면에 있어서 서로 다르므로 그들이 가지고 있는 니즈도 다를 수밖에 없다. 그런데 이런 고객 간의 이질성은 정도의 문제이므로 아무리 시장을 얇게 세분화하여도 각각의 세그먼트 내에는 어느

시장 세분화와 경쟁관점의 Targeting (예시)

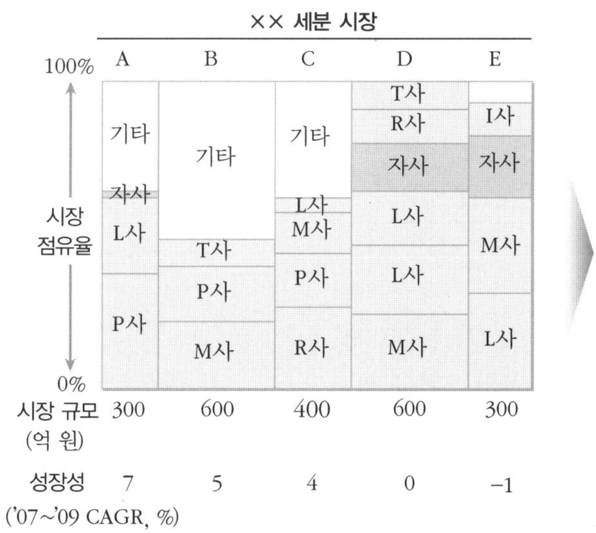

❶ 성숙기 과점 시장인 D, E 세분 시장의 경우 고객유지 측면에서 가격대비 가치 제고

❷ 성장성이 높은 A 세분 시장의 경우 경쟁제품보다 우월한 가격대비 가치를 위한 적극적 투자 필요

❸ 미진출 성장 시장인 B, C 진출 여부 결정을 위해 고객니즈 파악을 위한 분석 필요

---

1) 이는 목표고객군을 찾기 위해 시장 전체를 세분화하는 세분화(Segmentation), 세분화된 고객세그먼트 중에서 목표세그먼트를 선정하는 타깃팅(Targeting), 그리고 선정된 목표세그먼트에 제공할 솔루션을 결정하는 포지셔닝(Positioning)이다.

정도의 이질성이 존재할 수밖에 없다. 따라서 마케팅 활동이 취해질 수 있을 정도의 세그먼트 적정 규모Segment Size, 세그먼트에 속하는 고객의 확인 가능성Identifiability, 마케팅 목적의 접촉 가능성Reachability, 이외에도 뚜렷이 드러나는 공통 특성과 그림[2]과 같이 세그먼트에서의 경쟁정도 등으로 개별 세그먼트를 특징화하여 세그먼트들의 차이를 인식할 수 있게 해 주는 세분화를 통해 목표세그먼트를 확정하게 된다.

최근에는 기술과 인터넷의 발달로 인해 과거보다 더욱 많은 데이터의 수집이 가능해져 매우 세밀한 수준에까지 시장 세분화가 가능하게 되었다. 물론, 세그먼트가 작으면 작을수록(극단적으로는 한 명의 고객으로 구성된 세그먼트도 존재할 수 있겠지만) 그 세그먼트 내의 고객들 사이에 있는 이질성이 줄어들어 그만큼 커뮤니케이션과 서비스 수준이 그 세그먼트에 맞춤형으로 적합하게 될 수 있다. 하지만 그렇게 세분화되어 작은 세그먼트가 과도하게 많아지게 되면, 마케팅 활동에 들어가는 비용이 심각하게 높아질 수 있다. 따라서 마케팅 활동의 효율을 따져, 어느 정도 일괄적으로 마케팅 행동이 취해질 수 있는 규모의 세그먼트가 바람직하고, 그 수준에서 세그먼트에 속한 고객들에 대한 니즈를 파악할 수 있도록 하는 고객분석이 현실적이다.

여기서 또 한 가지 언급하고자 하는 것은 고객의 니즈 역시 늘 동적으로 변화한다는 것이다. 세분화를 통해 목표세그먼트를 정하고 그 세그먼트의 현재 니즈를 파악했다 하더라도, 고객들의 상황은 변하기 쉬우므로 고객의 니즈는 늘 변할 수 있다는 것을 염두에 두어야 할 것이다. 또한 여기서 고객

---

2) Hideaki Imamura, *The BCG Way–The Art of Business Marketing*(2005) 사례 변형.

의 현재 니즈를 파악한다는 것과 그 고객니즈의 동적인 변화를 파악한다는 것은 고객획득과 고객유지와 깊은 관련이 있다. 고객의 현재 니즈에 맞는 상품/서비스를 제공한다면 고객은 이를 구매하게 될 것이므로 고객획득이 이루어진다. 반면, 변화하는 고객의 니즈를 파악하여 적절한 솔루션을 지속적으로 제공한다면 고객을 장기적으로 유지할 수 있게 될 것이다. 따라서 고객니즈에 대한 분석은 고객획득과 고객유지를 위한 CRM 솔루션 개발을 위해서도 없어서는 안 될 중요한 인풋Input이 된다. 따라서 시장을 세분화하여 주요 목표고객군을 구체적으로 정하고 그들의 니즈를 파악한 후 커뮤니케이션, 판매촉진, 판매, 그리고 구매 후 서비스 활동 등에 자원을 집중하여 실행해야만 마케팅 효과를 높일 수 있다.

이 STP라는 마케팅 활동을 통해 기업이 궁극적으로 하고자 하는 것은 기업이 가지고 있는 자원과 역량으로 제공하는 솔루션, 즉 자사제품이 가격대비 가치 측면에서 경쟁제품을 뛰어넘게 만들어 고객이 자사제품을 구매하게 만드는 것이다. 고객분석은 바로 다양한 데이터를 수집하고 분석하여 이것을 가능하게 할 수 있는 정보를 제공하는 역할을 한다. 여기서는 고객분석이 포함하는 내용들을 몇 가지로 나누어 살펴보도록 한다.

- **목표고객군의 규모** : 시장분석에서 도출한 전체 시장에 대해 세분화를 통해 얻은 목표고객군의 실제 규모Addressable Size는 어느 정도이며 또 목표고객군의 성장 잠재력Growth Potential은 어느 정도 되는지를 여러 가지 데이터를 기반으로 추정해 보는 것이 필요하다. 이는 이렇게 추정한 목표고객군의 규모는 비즈니스의 목표를 설정하는 데 없어서는 안

될 필수정보이기 때문이다.

- **목표고객들의 프로파일과 특성** : 동일하거나 유사한 니즈를 가진 목표고객들이 선정되면 그들의 인구통계학적 데이터, 활동/관심/의견 Activity, Interest, Opinion 등을 나타내 주는 Psychographic 변수, 라이프스타일, 지역적 분포, 구매한 상품군 Product Mix Purchased과 구매패턴 Purchase Pattern에 대한 구매 데이터, 이용한 판매채널 Choice of Sales Channels, 이용한 정보의 원천 Sources of Information Collected and Used, 고객 미디어 선호 Media Preference, 컴퓨터/인터넷 사용도 Computer/Internet Usage 등 여타 관련 데이터를 활용한 프로파일링 Profiling을 통해 목표고객을 깊이 있게 이해해야 한다.

- **고객행태 분석** : 효과적인 실행전략과 CRM 마케팅 믹스를 수립하는 데 없어서는 안 될 기본적인 것은 바로 목표고객에 대한 깊은 이해이다. 따라서 목표고객을 체계적으로 연구하고 분석하는 작업이 진행되어야 한다. 고객에 대한 데이터나 정보는 많으면 많을수록 좋지만, 기본적으로 갖추어져야 할 것들을 아래에 가시화한 것처럼 여러 단계의 고객행태로 나누어 정리해 보도록 한다.

단계별 고객행태

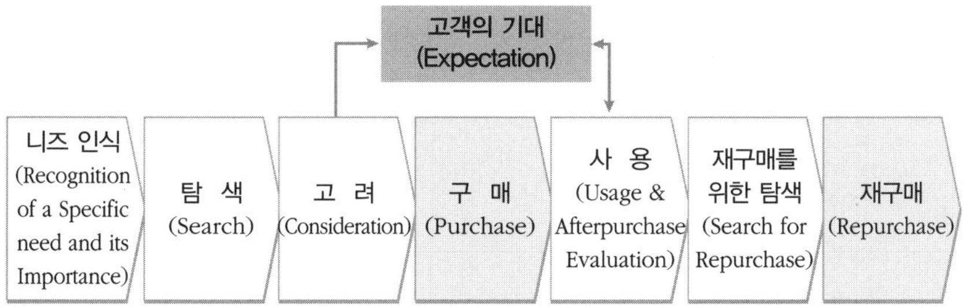

고객은 충족되지 않은 특정 니즈의 중요성/시급성을 인식하게 되면 이를 충족시키기 위해 구매를 할 것인지에 대해 판단하게 된다. 일단 니즈를 충족시키기 위해 상품/서비스를 구매하기로 결정하면, 다음은 탐색단계로 접어든다. 구매고려 대상이 되는 상품군을 찾기 위해 고객은 기억 속에 저장된 정보를 끄집어내거나Internal Search 외부로부터 정보를 수집하고 탐색External Search하게 된다. 어느 정도 정보수집이 되면 이를 통해 고객은 상품/브랜드 인지Product/Brand Awareness와 선호Preference를 갖게 되어, 마침내 구매를 위해 고려할 몇 가지 상품으로 고려군Consideration Set을 결정하게 된다.

단계별 고객행태의 핵심 변수 및 비즈니스 질문

	단계별 핵심 변수	기업의 비즈니스 질문
니즈 인식 (Recognition of a Specific need and its Importance)	• Urgency/Priority • Affordability	• What and how important is the specific need? • How to identify those customers with the need? • How much can they afford for a purchase?
탐 색 (Search)	• Internal Information • Additional Information from Outside	• Where do they get information from? • How do they search for information? • How to communicate with them?
고 려 (Consideration)	• Product/Brand Awareness • Product/Brand Preference • Product/Brands to be Considered for Purchase	• How to make them aware of the product? • How to make them prefer the product? • What to do to induce them to consider the product for purchase?
구 매 (Purchase)	• Buy Factors or Value Driver • Expected Value for Price –Brand Image –Expected Performance –Expected Service • Sales Channel	• What are the key buy factors/value drivers? • Does the product provide the highest value for price among competing products? • Which sales channel do they use for purchase?
사 용 (Usage & Afterpurchase Evaluation)	• Satisfaction Drivers • Overall Satisfaction • Expected Performance • Actual Performance • Intent to Recommend	• What are the key drives of satisfaction? • What is the overall satisfaction? • What is the level of intent to recommend?
재구매를 위한 탐색 (Search for Repurchase)	• Brand Communication • Promotion	• What is the brand image they have? • What are the additional value drivers for purchase? • How to communicate with them?
재구매 (Repurchase)	• Additional Rebuy Factors or Value Drivers • Price • Expected Value for Price	• What is the overall level of satisfaction? • What are the additional value drivers? • What is the acceptable range of price? • What is the overall value of the product for price compared to competing products?

고려군이 결정되면, 고객은 구매의사결정 단계로 넘어가, 구매채널을 포함하여 여러 가지 구매인자에 기반하여 구매에 대한 의사결정을 하게 된다.

이러한 구매의사결정의 원칙을 그림과 같이 부등식으로 표시해 보고, 이 책에서는 이를 **고객의 구매부등식** Purchase Inequality for Customer이라 부르고자 한다.

고객의 구매부등식

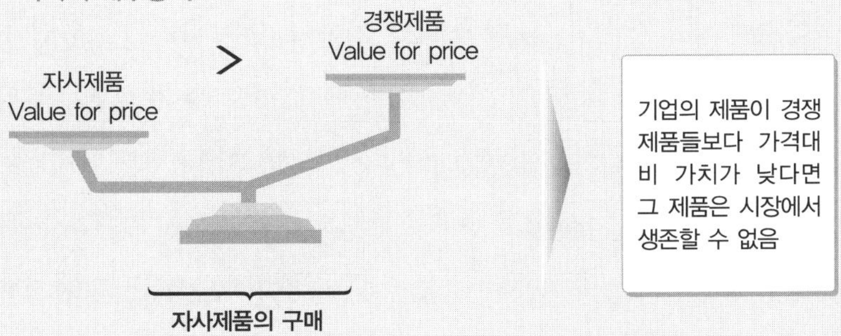

위의 그림에 제시된 고객의 구매부등식이 보여주는 것은 고객이 가지고 있는 특정 니즈를 충족할 수 있는 대체제품(또는 서비스)들 중에서 자사제품의 가격대비 가치가 경쟁제품의 가격대비 가치보다 높다면 고객은 반드시 자사제품을 구매한다는 구매원칙이다. 이 고객의 구매부등식은 바로 기업이 시장에서 자사의 제품을 성공시키기 위해서 무엇을 해야 하는지를 보여주고 있다. 이는 또한 기업의 제품이 경쟁제품들보다 가격대비 가치가 낮다면 그 제품은 시장에서 생존할 수 없다는 시사점[3)]을 주고 있다.

물론 개별 구매인자별로 비교도 하지만 궁극적으로는 가격대비 가치의 관점에서 상품을 선택한다. 그러므로 이 단계에서 고객은 구매할 대체상품 중에서 최고의 가격대비 가치를 제공하는 상품을 선택하여 구매할 것이다.

구매 후에 고객은 상품을 사용하는 단계에 접어들고, 사용하면서 여러 고객만족 인자의 관점에서 실제로 상품이 얼마나 잘 작동하는지를 직접 경험하게 된다. 이 결과에 따라 기대에 대비한 만족 수준이 형성되고, 고객이 전반적으로 만족하게 되면 재구매의향이나 추천의향도 높아지게 된다. 그리고 현재의 상품을 대체하거나 재구매해야 될 구매상황이 생겨나면 재구매를 위한 추가적인 정보탐색을 하게 되고, 접할 수 있는 판촉에 노출되어 새로운 가격대비 가치가 형성될 것이며, 이는 만족도와 더불어 재구매를 위한 선택과 구매에 결정적 영향을 미치게 된다. 이렇게 고객행태를 단계적으로 나누어 그들의 행태를 살펴보고 단계별 핵심 변수들이 어떤 것인지를, 특히 고객에게 가치가 되는 가치인자Value Driver는 어떤 것인지를 다음 절에서 소개되는 측정방법을 통해 밝혀내면, 기업은 고객의 실제 구매의사결정 프로세스를 잘 이해할 수 있어 이를 통해 무엇을 어떻게 해야 최고의 가격대비 가치를 제공할 수 있는지를 알게 될 것이다.

---

3) 기업은 고객이 선택하여 구매할 정도의 가격대비 가치를 지닌 상품을 제공하지 못하면 시장경쟁에서 이길 수 없다. 경쟁사보다 가격대비 가치가 높지 않으면 고객은 외면할 것이고, 결국 기업은 경쟁에서 뒤지게 될 뿐 아니라 생존의 위협을 받게 될 수밖에 없다. 이러한 고객의 구매행태는 바로 기업이 왜 고객을 위한 가치를 창조해야 되는지를 말해 주고 있다고 하겠다.

고객행태 분석에서 유의해야 할 것은, 고객들의 니즈를 기업이 제대로 인지하지 못하는 경우도 있지만, 고객 스스로도 적절한 제품이 없을 경우 스스로의 니즈를 인식하지 못하고 있을 경우가 존재한다는 것이다. 1980년대 초 미국에서 캠벨Campbell사가 프레고Prego라는 브랜드로 토마토가 덩어리진Chunky 스파게티 소스를 만들기 전까지는 아무도 이러한 고객의 니즈가 있는지 알지 못했다. 당시 캠벨사는 45개 소스 샘플을 들고 수개월에 걸쳐 반복된 실험을 통해 수집한 데이터로 고객은 세 부류, 즉 단조로운 맛/강한 맛/과육이 많은 소스를 선호하는 그룹으로 분류된다는 것을 분석해 냈고, 기존 시장에 없던 덩어리진 소스를 출시해 이후 10년간 60억 달러를 벌어들이며 기존 시장을 지배했던 브랜드인 라구Ragu를 앞지를 수 있었다.[4] 이 같은 경우에는 전혀 편견을 갖지 않은 상태Zero-

고객분석에서의 고객 데이터 활용

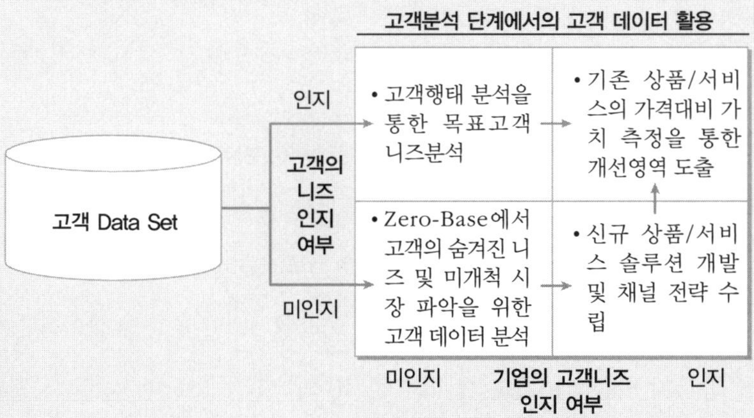

4) Malcolm Gladwell, "Talks Malcolm Gladwell on spagehetti sauce," TED talks(Sep, 2006).

base에서 고객에 대한 분석이 필요하다. 분석단계에서의 계량적인 CRM 기법의 장점은 바로 이러한 숨겨진 고객의 니즈를 편견 없이 수집된 정량적 데이터를 통해 분석할 수 있다는 점이다. 이러한 분석을 통해 기존에 분석했던 시장세그먼트가 완전히 다르게 변할 수 있다.

최근 미국기업들이 대규모의 데이터 세트를 수집하고 운영하는 데 투자를 아끼지 않는 것은 이러한 이유 때문이다. 월마트Wal-mart의 경우 570테라바이트 용량의 고객 데이터를 가지고 고객들의 구매패턴을 분석하고 있으며, 신용카드사인 캐피탈원Capital One은 이러한 고객 데이터 세트를 통해 신제품, 광고방식, 계약조건들에 대해 2006년에만 2만 8천 번의 실험을 수행했다.[5] 기업은 방대한 고객 데이터를 사용해 다음 장에서 살펴볼 회귀분석이나 군집분석, 무작위추출법 등 통계적 기법을 통해 숨겨진 고객의 니즈를 발굴할 수 있다. 그러나 우리나라에서는 이러한 CRM의 활용이 매우 제한적인 형편이고 아직 정량적인 고객정보의 통합된 데이터 세트도 갖추지 못한 경우가 많다.

- **고객관점의 가격대비 가치 측정을 통한 개선영역 도출** : 마케팅이 해야 하는 핵심적인 부분은 고객의 니즈에 대한 명확한 이해를 바탕으로 기업의 자원과 역량을 활용하여 어떻게 하면 고객의 니즈를 충족시켜 고객이 구매하고자 하는 것을 찾아낼 것인가이다. 다시 말하면, 고객의 니즈를 충족시켜 주는 가치인자를 밝혀내고 이를 기반으로 하여 경쟁사보다 높은 가격대비 가치가 있는 솔루션[6]을 제공할 수 있게 하는 것이다. 이

5) Ian Ayres, *SUPER CRUNCHERS*(2007).

런 시각에서 마케팅을 조망해 보면, 마케팅은 고객관점에서 경쟁제품을 뛰어넘는 가격대비 가치Value for Price를 만들어 고객이 자사제품을 구매하도록 하는 역할을 해야 하는 것이다. 이것이 바로 고객가치 경영의 핵심이라고 할 수 있다. 여기서는 밑에 제시된 것과 같이 고객가치 경영의 프레임워크Framework와 고객관점에서 자사제품의 가격대비 가치를 측정하는 방법을 제시하고, 가격대비 가치관점에서 경쟁제품대비 자사제품의 수준이 어느 정도인지를 비교/평가해 보는 과정을 함께 살펴본다. 그리고 이 평가 결과에 기반하여 자사제품의 가격대비 가치를 높이기 위해 기업의 가용 자원/역량을 고려하여 무엇을 어떻게 할 것인지를 보여주는 CRM 마케팅 믹스를 구축할 수 있는데, 이 부분도 함께 논의해 본다.

고객을 위한 가치 창조와 전달을 통해 가격대비 가치를 높여 고객이 구매하도록 하게 하려는 고객가치 경영을 프레임워크Framework for Customer Value Management 형태로 가시화해 보았다.

이 책에서 제시하는 고객가치 경영의 프레임워크가 보여주듯이, 기업이 여러 가지 가치인자의 개선을 통해 가격대비 가치를 경쟁제품을 넘어서는 수준으로 높이면 잠재 고객은 초기구매를 하게 되고 기존 고객은 재구매하게 될 것이다. 이것이 바로 고객가치 경영이 달성하고자 하는 목적

---

6) 여기서 말하는 솔루션(Solution)은 제품, 서비스, 고객이 찾는 브랜드 이미지, 정보 등 어떠한 것이든 고객의 니즈를 충족시켜 줄 수 있는 가치인자로 구성된 결합으로 생각할 수 있고 이는 가격대비 가치로 표현하고자 한다.

고객가치 경영의 프레임워크

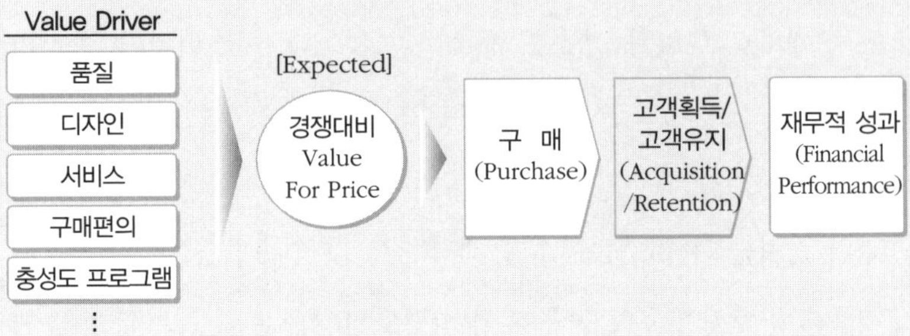

인 고객획득Acquisition과 고객유지Retention가 되는 것이고, 이 목적이 달성되면 경영성과는 자연적으로 뒤따르게 될 것이다. 이러한 고객가치 경영의 목적을 생각해 보면, 이는 다름 아닌 고객관계 구축과 강화를 위한 것이므로 결국 CRM을 위한 것이라 하겠다.

그렇다면 위에서 제시한 고객가치 경영을 실제로 어떻게 실행할 것인지를 논의해 보자. 고객가치 경영을 위한 핵심 비즈니스 질문은 기업이 제공하는 제품의 가격대비 가치를 어떻게 경쟁제품보다 높게 할 것인가이다. 이는 크게 3가지 부분으로 나누어 생각할 수 있다. 첫 번째 부분은 고객의 구매관점에서 자사제품과 경쟁제품의 가격대비 가치를 주요 가치인자 면에서 측정하여 자사제품의 수준을 점검해 보는 것이다. 이를 위해 구매결정에 영향을 주는 가치인자들과 그 인자들의 상대적 중요도를 고객으로부터 도출하여 측정하는 것이다. 두 번째 부분은 이러한 측정을 통해 자사제품이 어떤 가치인자 면에서 경쟁제품대비 강하고 약한지를 밝혀내는 것이다. 마지막으로, 세 번째 부분은 어느 가치인자 부분에서 무엇을 어떻게 하여 자사제품의 가격대비 가치를 높일 것인가에 대한 솔루션을 만들어 실행으로 옮기는 일이다. 이에 대한 실행방법을 프로세스의 형태로 구체화하여 제시해 본다.

제품의 고객관점 가격대비 가치측정(예시)

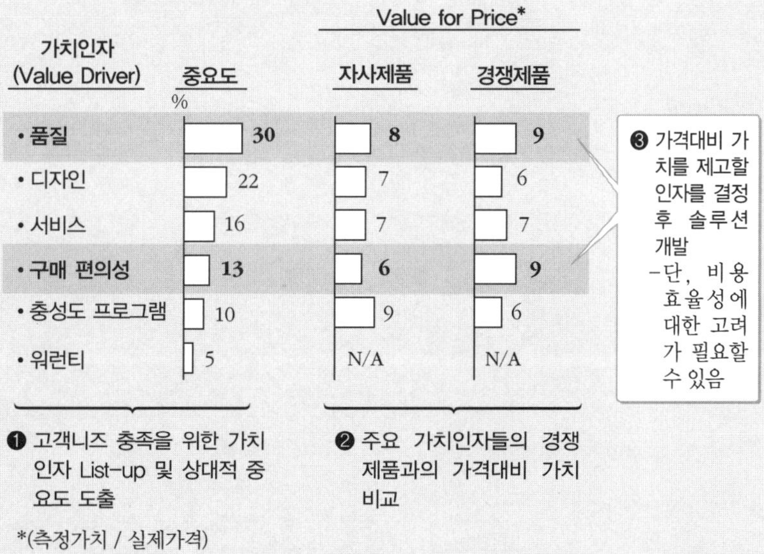

위의 그림에서 볼 수 있듯이, 주요 가치인자로 측정된 자사제품의 가치를 실제가격으로 나누어 경쟁제품과 비교해 보면 자사제품의 가격대비 가치 경쟁력을 평가해 볼 수 있다. 이와 더불어 경쟁제품과 비교해 보면 어느 가치인자에서 자사제품이 뒤떨어지고 있는지를 알 수 있고 이를 개선하기 위해서 다양한 솔루션을 도출할 수 있다. 예를 들면, 경쟁제품대비 약한 가치인자에 대해 직접적인 개선을 통해 가격대비 가치를 높일 수도 있지만, 다른 가치인자에서 더 높은 가치를 제공하여 약한 부분을 보완하여 가격대비 가치 경쟁력을 높일 수도 있다. 또한 가격을 변화시키는 것도 가격대비 가치 경쟁력을 개선하는 또 하나의 솔루션이 될 수 있다. 이와 더불어, 앞에서 예로 든 여러 솔루션을 결합하여 자사제품의 가격대비 가치 경쟁력을 높이는 것도 얼마든지 가능하다. 단, 이와 더불어 생산비용에 관한 정보를 활용하여 효율성을 고려한 의사결정이 필요할 것이다. 이는 부차적인 전략적 선택이지만 반드시 고객을 위한 가치를 중심에 두고 고려해야 한다. 결국 자사가 가지고 있는 자원과 역량을 고려하여 효율적으로 자사제품의 가격대비 가치 경쟁력을 높일 수 있는 최적의 솔루션을 찾아야 할 것이다.

비즈니스 분석(Business Analysis) – 고객분석

STP (Segmentation–Targeting–Positioning)

- 특정 니즈를 가지고 있는 고객군 세분화
  - 마케팅 효율을 감안한 세그먼트의 적정규모 확인
  - 확인 가능성/접촉 가능성 및 공통 특성들로 특징화
- 고객니즈의 동적 변화 파악 필요
  - 고객획득 후 장기적인 고객유지 가능

자사 제품의 [가격대비 가치] 제고

	내 용
목표고객 규모	• 목표고객군의 실제 규모 및 성장 잠재력 추정 – 비즈니스 목표 설정을 위한 기초 데이터
프로파일 및 특성	• 동일/유사한 니즈를 지닌 목표고객의 이해 – 인구통계학적 자료, Psychographic 변수, 라이프 스타일, 지역적 분포, 구매 데이터, 이용 채널 등
고객행태 분석	• 목표고객의 구매의사결정 단계별 체계적 분석을 통한 구매인자 파악 – [니즈 인식→탐색→고려→구매→사용→재구매 탐색→재구매] 단계별 핵심 변수 및 비즈니스 질문 분석 – 고객에게 가치가 되는 가치인자 파악
가격대비 가치 측정	• 고객니즈에 대한 명확한 이해를 바탕으로 경쟁제품에 비해 가격대비 가치가 높은 솔루션 개발 – 고객의 구매관점에서 가치인자별 자사제품과 경쟁제품의 가격대비 가치 수준 점검

(3) 경쟁사분석 Competitor Analysis

기업의 관점에서 경쟁사분석은 현존하거나 잠재적인 경쟁사들의 강점/약점 또는 경쟁 우위/열위를 평가하는 분석으로, 실행을 위한 전략과 구체적인 CRM 마케팅 믹스를 수립하는 데 없어서는 안 될 밑그림이 된다. 경쟁사분석은 경쟁사대비 자사의 강점/약점 또는 경쟁 우위/열위를 이해할 수 있게 해 주어 미래의 경쟁우위를 구축하는 데 필수적인 정보를 제공한다. 또한, 경쟁사분석은 경쟁사들의 전략을 관찰하여 자사가 이에 적절한 준비와 대응을 할 수 있게 도와준다. 보통 자사대비 경쟁사의 프로파일을 만들어 비교하고 분석함으로써 필요한 정보를 도출하는데, 이를 위해 Competitor Array[7]를 자주 활용한다.

경쟁사분석 행렬(예시)

핵심 성공인자*	가중치	자사	경쟁사 1	경쟁사 2
• 고객 로열티	0.40	3.60	3.20	2.80
• 상품혁신	0.25	2.00	2.00	2.00
• 규모의 경제	0.20	1.20	1.60	1.80
• 유통채널	0.15	1.50	1.20	1.50
총 점	1.00	8.30	8.00	8.10

*핵심 성공인자별 기업의 평가는 10점 척도로 10점은 가장 높고, 1점은 가장 낮음.

7) Competitor Array는 주요 경쟁사를 열에 놓고 기업의 프로파일 항목을 행에 정리한 행렬표인데 경쟁사 간의 직접비교가 가능하므로 경쟁사분석에 자주 활용되고 있다. 본문의 그림과 Appendix에 제시된 예를 참고하기 바란다.

"적을 알고 자신을 알면 백 번 싸워 위태롭지 아니하다(知彼知己 百戰不殆)"라는 손자의 말처럼, 동일한 시장에서 같은 고객을 대상으로 싸우는 경쟁사를 모른다면, 시장경쟁에서 승리하기는 쉽지 않다. 그럼에도 불구하고 아직도 많은 기업들이 이런 경쟁사분석을 할 수 있을 정도의 정보도 없이 비즈니스를 하는 경우가 종종 관찰된다. 단편적으로 얻게 되는 제한된 정보를 통해 형성된 주관적 추측에 기반한 의사결정이나 실행은 오히려 기업을 위험에 빠뜨릴 수도 있다. 이런 면에서 경쟁사분석은 반드시 수행되어야 하는데, 이는 효과적인 CRM 마케팅 플랜을 수립하는 데 중요한 인풋이 되기 때문이다. 경쟁사분석에서 자주 다루는 질문은 다음과 같은 것들이 있다.

- 현행 비즈니스의 핵심 성공인자들은 어떠한 것들인가?
- 핵심 성공인자들의 관점에서 경쟁사의 상대적 위치는 어떠한가?
- 경쟁사들은 어떠한 부분에서 차별화를 하고 있는가?
- 경쟁사의 모방할 수 없는 부분은 어떤 것인가?
- 비즈니스를 위한 핵심 역량 면에서 경쟁사들의 평가는 어떠한가?

이와 같은 질문에 대한 답변을 찾아 경쟁사를 분석함으로써 비즈니스를 위한 핵심 성공인자와 이를 위해 요구되는 핵심 역량 면에서 자사의 경쟁 우위/열위를 평가해 볼 수 있다. 또한 앞에서 논의한 시장분석과 더불어, 자사와 경쟁사의 차별화 부분을 시장 전체의 관점에서 밝혀 보고 다음과 같이 가시화하여 비교해 보는 것은 전략방향과 마케팅 활동을 도출하는 데 길잡이가 될 수 있다.

경쟁사분석을 통한 전략적 차별화 비교

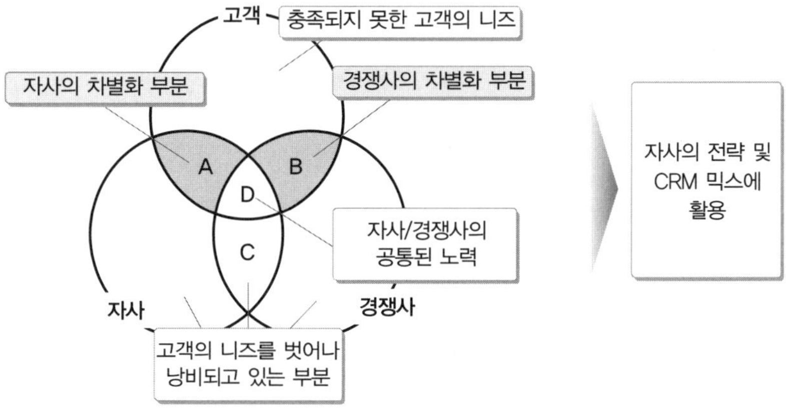

위의 그림은 전체 시장 내에 존재하는 3가지 개체 3C : Customer, Competitor, Company 즉 고객, 경쟁사 그리고 자사를 동시에 보여준다. 가장 윗쪽의 원은 고객의 니즈를, 오른쪽 원은 경쟁사를, 그리고 왼쪽 원은 자사를 나타낸다. D로 표시된 부분은 고객의 니즈를 충족시키기 위해 경쟁사와 자사가 공통적으로 하고 있는 부분이라 할 수 있다. 반면, C는 고객의 니즈를 벗어난 부분으로 경쟁사와 자사가 공히 자원을 낭비하고 있는 활동을 보여준다. 같은 논리로 B는 경쟁사만이 차별적으로 고객니즈를 충족시키고 있는 부분이고, A는 자사의 차별화 부분을 의미한다. 이러한 방식으로, 자사와 경쟁사의 차별화 부분을 정리해 보는 것은 자사의 전략과 실행할 CRM 마케팅 믹스를 수립하는 데 매우 유용하게 활용된다. 또한 이러한 차별화가 유지 가능한 것인지를 핵심 역량에 비추어 평가해 보고 어떤 역량을 제고하는 것이 필요한지 밝혀내어 실행으로 옮겨야 한다. 이같이 경쟁사분석은 경쟁사의 전략을 뚜렷이 이해하도록 도와줄 뿐 아니라 동시에 자사의 적절한 대응전략을 수립하는 데 중요한 밑바탕이 된다.

비즈니스 분석(Business Analysis) – 경쟁사분석

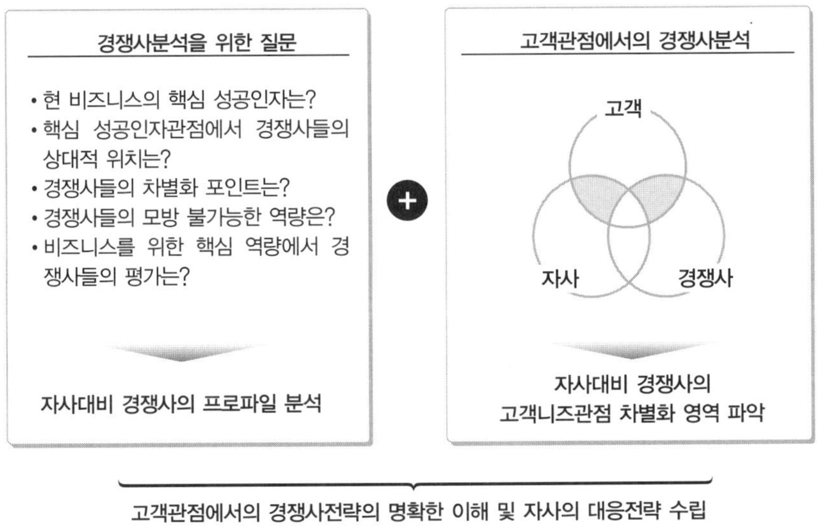

실제 비즈니스 적용 사례 : 비즈니스 분석

대형 스크린 프로젝터Projector 제조업체인 H사는 성장과 함께 지속적인 경쟁우위를 달성하기 위해 고객중심의 마케팅 프로세스 구축에 노력을 기울였다. 이와 같은 CRM 마케팅 플랜 프로세스에 따라 H사는 일단 비즈니스 분석을 통해 시장에 대한 이해와 지금 현재 자사의 위치를 파악하고자 했다.

(1) 시장분석Market Analysis

i) 시장의 정의Definition와 영역Scope

- 대형 스크린 프로젝터Large Screen Projector의 시장은 정보를 시각화하여 대중에게 전파하는 도구가 거래되는 곳이며 이와 관련된 옵션상품이나 주변기기 등도 이 시장영역에 포함한다.

ii) 추정된 시장의 잠재규모Market Potential Estimate

- 시장의 잠재규모는 전세계에 걸쳐 약 US $15~ 20억 정도로 추산
- 현재로서 Light Valve(LV) 프로젝터 잠재시장은 약 US $1억 정도로 추산

iii) 시장 특성Characteristics과 추세Trends

- 2010년까지 연평균 약 10%(CAGR)의 성장 추세
- CRT 프로젝터 시장은 약 US $6억 정도로 추산

- LCD 프로젝터는 잠재적인 경쟁제품이 될 것으로 예측
- 시장에서 LV 프로젝터의 가격 범위 : US $5,000 ~ $60,000

iv) 여타 외적 환경 요소Environmental Factor의 변화

- 외부업계의 전문가들에 따르면, 프로젝터를 필요로 하는 대형스크린을 통한 전시도구의 세계시장은 약 US $15~20억 정도로 추산
- 현재로서 경쟁하는 주요 기술은 크게 3가지로 평가 : CRT, LCD, LV(Light Valve)

(2) 기업과 기업의 주요 상품에 대한 상황분석Situation Analysis

i) SWOT 분석 – 관련 상품/사업의 기회와 위협

강점(Strength)	약점(Weakness)
• LV 프로젝터들은 현존하는 경쟁상품 중 가장 밝고 가장 화상도가 선명한 것으로 인정받고 있음.	• 반면 LV 기술 기반 상품들은 가격이 비싼 것으로 인식되어 있음. • 유통채널이 잘 구축되지 않아 영업력이 약함.
• 다양한 시장과 업계에서 프로젝터 사용이 표준화되어 수요가 급격히 증가 • 군작전 시뮬레이션, 경주를 통한 게임, 연예활동에서의 시뮬레이터, 광고, 전자 영화 시장이 새로운 기회로 출현	• 현재로서는 CRT가 독보적이지만 가까운 미래에는 LCD가 선도적인 기술이 될 것으로 예상 • 새로운 기술인 DLP 기술의 출현 예상
기회(Opportunity)	위기(Threat)

ii) 시장분석

LV 기술은 현존하는 주요 프로젝션 기술 중 가장 Picture Quality가 좋은 프로젝터 상품에 주도적으로 활용되고 있으나, 그러한 상품들은 가격과 사용자의 편리성과 크기가 진입장벽으로 판단됨.

- 시장조사에 의해 가격이 US $25,000/$35,000 이하의 상품들이 시장 잠재력과 성공 가능성이 가장 높게 나타났음. 반면, US $40,000 이상의 고가제품은 시장 잠재력도 가장 낮고 성공 가능성도 가장 낮게 나타남.
- 자사(H사)의 상품모델 S300은 가격이 US $40,000 이상이 되어 모델의 포지셔닝Positioning에 문제가 발견됨.
- 차세대 상품인 모델 Z는 약 US $40,000 이하의 가격대에서 가격결정이 필요함.

프로젝터 모델의 시장 잠재력 및 성공 가능성

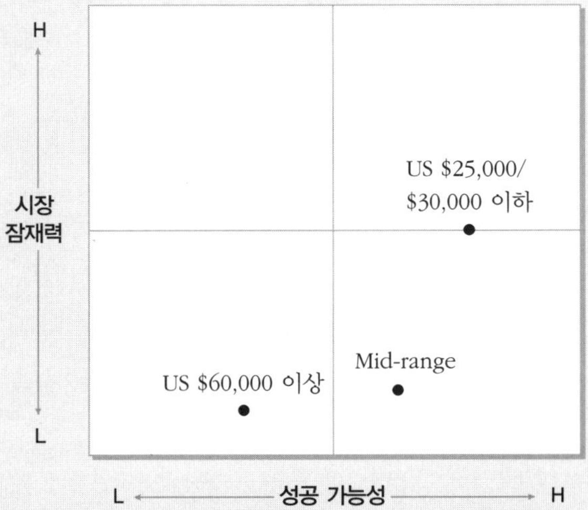

iii) 주요 경쟁사분석

	Barco	Ampro	Electrohome	H사
Annual Sales	• $51M	• $16M	• $24M	• $4.1M
Employees	• 784	• 151	• 269	• 68
Products	• CRT/LCD proj.	• CRT&DLP proj.	• CRT&LCD proj.	• LV proj
Price range	• $20k~$40k	• $30k~$57k	• $15k~$30k	• $15k~$30k
Dealers	• 175	• 80	• 93	• 37
Field Sales	• 9 RSMs, 3 Dir	• 6 RSMs, 2 Dir	• 8 RSMs	• 4 RSMs, 1 Dir
Strong Segments	• Auditoria, board rooms, rental	• Simulators, US Government	• Board/conference rooms, C&C	• C&C, high end rentals
Apparent Strategy	• Strengthen technology, 10% of sales on R&D, diversify	• Focus on niches & home theater, $5K~$55K, growth by acquisition	• Broaden line with LCD tech, one product per year, $28K Showstar	• Expand line & distribution network, bundle products
Differentiators	• Known brand name, high dealer loyalty	• Single lens projector in simulator market	• Quality product, support	• Best picture quality, good brand equity

iv) 핵심 성공인자 분석－관련 상품/사업의 핵심 성공인자 분석

시장조사에 의해 프로젝터 비즈니스의 핵심 성공인자는 다음과 같이 밝혀짐.

■ 상품의 가격(생산단가 반영)과 품질(밝기, 화상도, 대조)

■ 설치용이, 적은 유지비용과 기술지원

■ 유통채널의 네트워크 확보

핵심 성공인자 면에서 자사는 경쟁사보다 품질 면에서만 우위로 평가되고 전반적인 성공인자 면에서의 경쟁력은 경쟁사들보다 낮게 평가됨.

H사는 비즈니스 분석을 통해 자사의 LV 제품이 시장의 니즈 중 품질 면에서 우위를 보이고 있으므로 충분한 수요를 창출할 수 있으리라고 확신했다. 다만, 제품가격이 너무 비싸 가격대비 가치의 기준으로 판단할 시 경쟁사에 비해 상대적으로 열위에 있을 수밖에 없으며, 다른 핵심 성공인자들은 절대적으로도 낮은 수준임을 확인했다. H사는 이러한 분석을 바탕으로 가격대비 가치 확보를 위한 솔루션을 모색하기 시작했다.

비즈니스 분석(Business Analysis)－정리

	내 용
시장분석	• 기업이 활동하는 시장 전체 및 이를 둘러싼 환경분석 －시장을 정의한 후 규모/성장성 예측, 시장 특성 및 추세, 환경요소의 변화분석 －마케팅 활동의 출발점 및 바탕을 제공함
고객분석	• 고객니즈에 기반한 자사제품의 가격대비 가치 파악 －세분 시장 목표고객의 규모, 프로파일, 특성 및 행태 분석을 통해 고객의 핵심 구매인자 파악 －핵심 구매인자별 경쟁사대비 자사의 가격대비 가치 분석
경쟁사분석	• 고객관점에서의 경쟁사전략의 명확한 이해 및 자사의 대응전략 모색 －자사대비 경쟁사의 프로파일 분석 －자사와 경쟁사의 고객니즈관점 차별화 영역 파악

• 마케팅 활동의 근간이 되는 시장환경 및 고객니즈에 대한 명확한 이해

• 경쟁사대비 자사의 현 위치 및 목표설정의 방향성 파악

2. 설정된 사업목표 Established Goals

사업목표란 기업이 실행을 통해 얻고자 하는 사후적 결과라 할 수 있다. 기업이 달성하고자 하는 목표는 현실적이고 가능한 계량화되어 측정할 수 있으며 행동으로 연결될 수 있는 것으로 정의되는 것이 바람직하다. 목표가 비현실적이거나 잘못 설정되면, 목표 달성을 위해 비효율적이거나 무리한 활동까지도 하게 되어 기업활동 전반에 걸쳐 낭비나 비효율 등 자원활용의 왜곡을 가져올 수도 있고, 때로는 목표 달성을 못하게 되는 결과로 나타날 수도 있다. 실제 시장수요에 비해 목표가 지나치게 낮게 책정되면, 낮은 목표에 맞추어진 생산부문의 계획으로 인해 추가수요가 발생하게 되면 원자재 구매・조달, 생산인력 충원이 용이하지 않아 이를 감당할 수 없게 되어 미실현된 매출Foregone Sales로 나타날 수 있다. 때로는 조직의 성과를 극대화하기 위해 실제 시장수요에 비해 비현실적으로 과도한 목표를 의도적으로 설정하기도 한다. 이는 기업이 가지고 있는 역량이나 가용자원에 대한 면밀한 분석도 치밀한 계획도 없이 설정된 것이다. 따라서 실행상 여러 가지 어려움에 봉착할 수밖에 없고, 결과적으로 이렇게 설정된 목표를 달성한다는 것은 기적적인 일이 될 수밖에 없다. 실무자들이 아무리 의욕을 가지고 열심히 해도 목표를 달성할 수가 없다고 인식하게 되면 이로 인해 조직의 사기도 떨어지고 결국은 체념하게 될 수도 있다. 그렇게 되면 목표 수정이 불가피하게 될 것이고 시행착오를 겪을 수밖에 없다. 이와 같이 목표를 적절한 수준에서 설정한다는 것은 매우 중요한 작업이고 잘 꿰어야 하는 첫 단추이므로, 수요에 대한 데이터와 정보를 기반으로 체계적인 예측과 과학적 분석을 통해 적절한 목표가 설정되어야 한다. 여기에서는 먼저 CRM 마케팅 플랜의 목표를 설정할 때 염두에 두어야 할 것들은 어떠한 것들이 있는지를 논의한다. 그리고 적절한 목표를 설정하기 위해서는 어떠한 과정을 거쳐야 하고, 어떠한 인풋 데이터Input Data와 데이터 분석이 필요하며, 이를 통해 어떠한 산출물을 도출하여 목표를 설정하게 되는지 구체적인 예와 함께 살펴보도록 한다.

(1) 사업목표의 설정시 고려해야 할 사항들

기업에서 일정기간 동안 사업을 운영한 후에 얻고자 하는 사후적 결과를 구체화하는 것을 사업목표 설정이라 할 수 있다. CRM 마케팅 플랜에서는 사업목표의 설정에 따라 이를 위해 수행되는 모든 활동들이 결정되므로 목표 설정은 그만큼 중요한 핵심 작업이다. CRM 마케팅 플랜에서 가장 먼저 수행되는 목표 설정작업에 대해 깊이 고려해야 할 것을 정리해 보고, 목표 설정과정을 살펴보도록 하자.

■ CRM 마케팅 플랜에서 설정하는 사업목표란 시장에서 마케팅 활동을 통해 기업이 달성하고자 하는 결과로 몇 가지 요건을 갖추어야 한다. 목표는 구체적이고Specific, 측정 가능하고Measurable, 달성 가능하고Achievable, 현실적이고Realistic, 일정기간이 정해져Time-period-specific 있어야 한다. 이렇게 사업목표는 사전적으로는 일정기간 동안 현실적이면서 달성할 수 있는 구체적인 모습으로 설정되어야 하며, 사후적으로는 달성여부를 판단할 수 있도록 반드시 정량적으로 측정 가

능하여 실제 성과와 비교할 수 있어야 한다. 목표가 정성적인Qualitative 형태로 설정된다면, 목표 달성의 기준이 모호하기 때문에 실행결과에 대한 성공여부 판단과 해석도 어려울 수 있으므로 목표는 가능하면 측정될 수 있는 모습으로 설정되어야 한다. 때로는 불가피하게 정성적인 지표로 목표를 설정해야 할 경우에는 질적인 변화라도 방향성을 나타낼 수 있는 측정체계를 개발하는 것이 필요하다.

■ 목표를 설정할 때 또 한 가지 필요한 것은 기업의 현재 위치를 파악하여 출발점을 명확히 하는 것이다. 기업이 달성하려는 목표를 종착점이라고 본다면 비즈니스의 현재 위치는 출발점이라 할 수 있다. 흔히 사용되는 매출이라는 지표로 사업의 목표를 설정한다고 하자. 기존 상품의 경우에는 지난 기간, 예컨대 지난 1년 동안의 매출은 이번 기간의 베이스라인Baseline 매출이 되고, 이는 비즈니스의 현재 위치를 나타내주는 출발점이 된다. 이렇게 출발점이 되는 현재의 위치가 중요한 이유는 우선 과거에 무엇을 어떻게 하여 이 수준의 매출을 달성할 수 있었는지를 돌아볼 수 있어, 향후 이를 기반으로 하여 무엇을 추가적으로 하면 매출을 얼마만큼 더 증가시킬 수 있는지를 예측할 수 있기 때문이다. 그리하여 결과적으로 달성하고자 하는 매출목표를 정확히 설정할 수 있게 되기에 비즈니스의 현재 위치가 되는 베이스라인 매출은 매우 중요한 출발점이 되는 것이다. 따라서 현재의 위치를 명확히 파악한다는 것은 적절한 목표 설정을 위해 반드시 필요한 부분이다.

■ 사업목표 설정에 있어서 한 가지 유의할 점은, 다음 장에 설명될 전략과의 관련성이다. 앞서 언급했듯이 계획단계에서 이루어지는 작업들이 반드시 시간상, 논리상 선후관계를 이루는 것은 아니다. 목표 설정 과정에서는 전략적 고려가 반드시 이루어져야 하고 반대로 목표 달성을 위해서는 구체적인 전략수립이 필요하다. 앞서 사용한 비유에서, 목표를 부산으로 정했지만 시간과 비용을 고려해 볼 때 무리일 수도 있다. 만약, 부산으로 가는 목적이 해수욕을 위해서라면, 보다 가까운 바닷가로 목표지점을 바꿀 수도 있다. 다시 말해, 목표를 정할 때는 앞 장의 사업분석을 통해 도출된 그 목표를 추구하는 목적, 예컨대 시장선점이냐 고객유지냐, 브랜드 이미지 확립이 우선이냐 구매고객 확대가 우선이냐 등 당면한 전략적 상황에 맞추어 합리적인 목표를 설정할 필요가 있다.

사업목표 설정과 전략수립 간의 관계

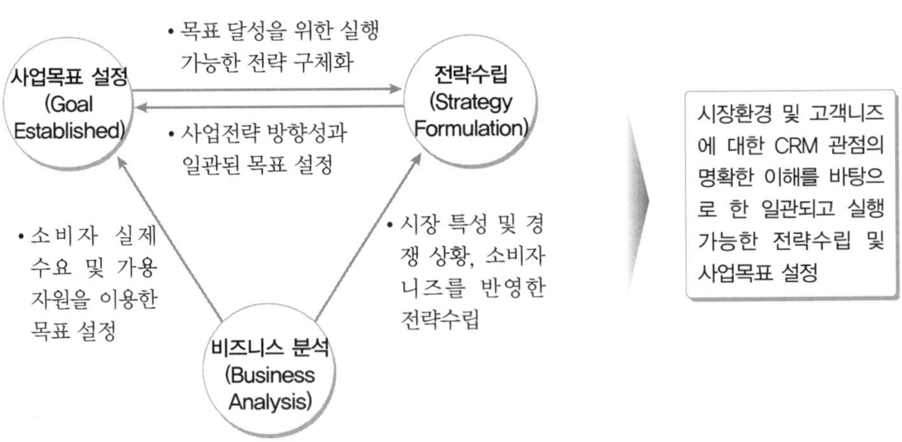

- 목표를 설정할 때는 측정이 용이한 매출, 이익, 시장점유율 등의 재무 지표가 주로 사용된다. 그러나 CRM 마케팅 플랜에서는 이러한 재무적 지표를 보완하여 재무성과의 질을 보여주는 획득 고객 수, 고객 이탈률, 고객 생애가치 등의 고객관련 지표도 사용할 수 있다. 추가적 매출이란 다름 아닌 신규 고객 획득과 직접 연관이 되므로 고객관련 지표는 재무적 지표와 연관이 있을 뿐 아니라 사업의 성과를 측정하는 또 다른 지표라고 할 수 있다. 목표가 여러 가지로 설정될 경우는 실행의 난이도, 다른 목표와의 충돌 가능성이나 시너지 등의 기준을 마련하여 우선순위를 설정하여 실행을 위한 목표를 정하는 것도 필요하다.

- 비즈니스의 현 위치인 출발점을 파악하고 종착점이 되는 목표를 설정할 때는 현실적으로 달성 가능한 수요에 기반한 목표가 설정되어야 하는데 목표 설정의 기본 인풋Basic Input이 되는 판매예측Sales Forecast이 정확해야 한다. 국내기업에서는 매출에 대한 예측 없이 단지 조직의 의지나 당위에 의해 매출목표 수준을 정하고 추진하는 경우가 자주 관찰된다. 데이터 없이 매출을 예측한다면 근거가 없거나 주관적인 예측치가 될 수밖에 없으므로, 정확한 예측을 위해서는 반드시 데이터를 기반으로 한 체계적인 접근방법이 필요하다. 데이터[8]를 기반으로 계량적

---

8) 상품의 판매예측에 필요한 데이터는 그 상품이 기존 상품인지 아니면 신상품인지에 따라 달라진다. 기존 상품의 경우에는 과거의 매출 데이터가 존재하여 판매를 예측하기 위해 사용되지만, 신상품은 과거에 판매된 적이 없는 새로운 상품이므로 매출 데이터가 존재하지 않는다. 그래서 신상품의 경우에는 목표고객군(Target Segment)의 규모와 목표고객들의 구매의향(Purchase Intention)에 대한 데이터를 수집하여 이를 기반으로 매출규모를 예측하게 되므로, 매출예측을 위한 데이터 요구사항이 달라지게 된다.

인 판매예측 모델을 구축하여 적절한 매출목표를 설정하는 것은 이에 따르는 리스크를 극소화하는 동시에 목표 달성의 가능성을 높일 수 있는 최선의 방법이 될 것이다. 이렇게 목표 설정에 있어서 계량적인 예측 모델을 구축하고 과학적인 예측을 통해 적절한 목표를 설정하는 것은 오늘날의 과학적 경영을 추구하는 CRM의 관점에서 목표 달성을 위해 매우 중요한 요건이다.

■ 마지막으로 언급하고자 하는 것은 가정들과 제약조건에 관한 것이다. 미래에 달성하고자 하는 목표를 예측에 기반하여 사전적으로 설정할 때 그러한 예측이란 완벽할 수 없으므로 오차가 있을 수밖에 없다. 또한 예측을 구할 때 적용되었던 가정Key Assumptions이나 제약조건

사업목표 설정 시 고려사항

	내 용
정량적이고 구체적인 형태	• 실행결과에 대한 성공여부 판단 및 결과 해석이 용이 – 구체적, 측정 가능, 달성 가능, 현실적, 일정기간 한정
현재 위치의 명확한 파악	• 매출목표의 명확한 설정의 출발점 – 예) 전년도 매출을 Baseline으로 삼아 당해 연도 매출예측
전략과의 유기적 연결	• 분석된 고객 정보를 바탕으로 한 합목적적 목표 설정 – 목표 설정 시 전략적 고려 및 목표 달성을 위한 구체적인 전략수립
고객관련 지표 사용	• 매출 확대와 직접 연결되는 고객관련 지표로 재무지표 보완 – 획득 고객 수, 고객 이탈률, 고객 생애가치 등
현실적 수요 기반 예측	• 리스크 극소화 및 목표 달성 가능성 극대화 – 단순한 의지보다 정확한 기본 인풋 및 판매예측을 기반으로 예측
가정과 제약조건 서술	• 상황 변화 시 목표 달성에 대한 정확한 평가 가능 – 가정과 제약조건의 구체적 서술로 상황 전개에 대한 파악 필요

Constraints이 있게 마련이며, 이러한 전제들 역시 완벽할 수 없다. 따라서 달성하려는 목표가 어떠한 가정과 제약조건하에서 설정되었는지를 구체적으로 서술하여 어떠한 시나리오로 실제 상황이 전개되고 있는지를 파악할 수 있어야 한다. 시간이 지나 상황이 달라지면 수요예측에 전제가 되었던 가정과 제약조건이 실제로 맞지 않게 되므로, 실행과정에서 혹은 실행 후에 가정과 전제조건에 대해 확인을 해야 결과에 대한 올바른 평가를 할 수 있을 것이다.

(2) 예측을 기반으로 한 매출목표 설정 프로세스

앞에서 여러 번 강조했듯이 정확한 예측을 기반으로 현실적으로 달성 가능한 적절한 목표를 설정한다는 것은 기업의 효과적인 자원배분과 효율적인 실행을 위해서 매우 중요한 일이다. 특히, 최적의 수준으로 매출목표를 설정할 때는 존재하는 시장 기회인 수요측면에서의 매출을 가능한 정확히 예측하는 것과 동시에 이러한 시장 기회를 실현할 수 있는 조직의 역량과 가용자원에 대한 정확한 평가가 이루어져야 한다. 이러한 관점에서 본다면, 매출지표로 목표를 설정할 때는 다음과 같은 3가지 단계를 거쳐 최종 매출수준을 도출할 수 있다.

i) 매출을 정확히 예측하기 위해서는 일단 시장을 세분화하여 세그먼트별로 타깃이 될 수 있는 개별 세그먼트를 모두 선정한다(물론, 이때 하나의 특정 세그먼트만이 타깃세그먼트Target Segment로 선정될 수도 있다. 하지만 시장 전체는 기본적으로 여러 면에서 상이한 고객들로 구성되어 있

기에 많은 경우 세분화를 통해 여러 개의 타깃세그먼트를 목표고객군으로 선정한다.).

ii) 타깃이 되는 세그먼트별로 거래 데이터를 이용하여 수요 면에서 매출을 예측할 수 있는 모델을 구축하고, 이를 통해 세그먼트의 가능한 매출수준을 추정하여 도출한다. 이러한 Bottom-up 방법[9]에 의해 일단 도출된 세그먼트별 매출수준을 합하여, 목표고객군 전체에서 존재하는 매출수준을 찾고 이를 목표로 설정한다.

iii) 수요측면에서 도출된 매출수준과 기업의 생산역량 평가를 기반으로 공급량을 비교하여, 필요한 조정을 통해 현실적으로 달성이 가능하게

예측을 기반으로 한 매출목표 설정 프로세스

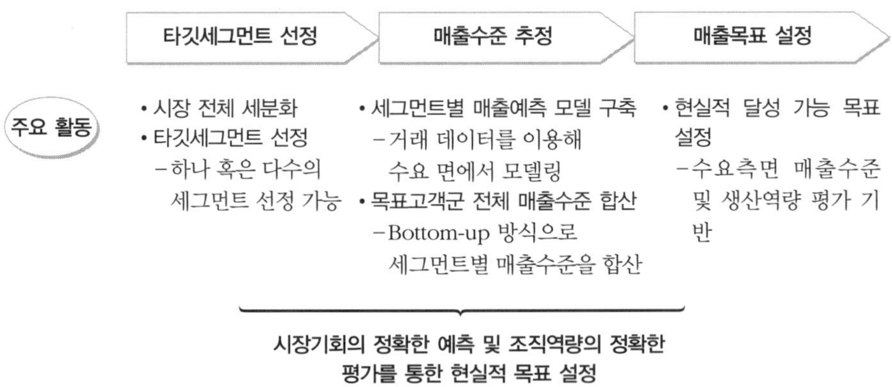

9) Bottom-up 방법은 이렇게 타깃세그먼트별로 예측한 매출을 합하여 달성 가능한 최종 매출목표를 설정하는 접근방법이다. 이 방식은 수요의 관점에서 고객 구매량을 예측하여 매출목표를 설정하므로 이는 데이터에 기반한(Data-driven) 합리적인 매출목표를 설정하는 방식이라 할 수 있다.

끔 최종 매출목표로 설정한다.

이제 위에서 제시한 방법에 따라 판매예측 모델을 구축해 보고 이를 이용한 목표 설정에 대한 예를 살펴보자. 여기서는 예를 단순화하기 위해 하나의 타깃세그먼트만을 목표고객군으로 선택한다는 가정하에 목표 설정과정을 논의해 보기로 한다.

매출예측 모델 구축을 통한 매출목표 설정

세상의 모든 일은 저절로 발생되는 것이 아니라, 반드시 원인이 있고 이로 인해 나타나는 결과가 있다. 마찬가지로 기업의 매출Sales에도 원인과 결과가 있다. 매출은 기업이 얼마나 판매했는가를 보여주지만, 동시에 시장에 있는 고객의 관점에서 보면, 그 기업의 매출은 바로 상품을 구매하는 고객들의 구매액Purchases이라 할 수 있다. 매출은 이에 영향을 주는 원인변수Variable들이 있게 마련이고, 이러한 변수들이 어느 수준 또는 어떤 값을 취하느냐에 따라 특정 수준의 매출이 결과로 나타나게 된다. 수요측면에서 고객들의 구매액을 예측하기 위해 구축되는 예측 모델Predictive Model이란 다름 아닌 이러한 원인이 되는 변수들과 결과로 나타나는 매출 사이에 존재하는 인과관계를 계량적으로 보여주는 것이라고 할 수 있다. 이렇게 기업의 매출을 예측하는 데 관련된 변수들은 기업이 직접적으로 통제할 수 없는 변수Uncontrollable들과 직접 통제가 가능한 변수Controllable들로 나누어 볼 수 있다. 기업이 직접 통제할 수 없는 변수들의 예로는 매출과 직접 연관되어 매출추세를 보여주는 변수, 규칙성을 보이며 나타나는 고객들의 구매패턴, 또는 경기와 같은 거시경제 전반에 관련되거나 또는 시장환경에 관련된 기업외부의 변수들로, 흔히 이들을 외생변수Exogenous Variables라고 부른다. 반면, 기업이 직접 통제할 수 있는 변수들은 상품관련 변수, 가격변수, 채널관련 변수, 판촉관련 변수 등 주로 마케팅 변수Marketing Variables라고 한다. 일반적으로, 기업이 통제할 수 없는 변수들과 마케팅 변수들을 예측변수로 사용하는 예측 모델을 구축하여 매출예측치를 도출하고, 과거의 실제치와 비교하여 예측오차를 계산해 이를 기준으로 예측 모델의 정확도를 평가한다. 예측오차가 수용할 정도로 작고, 모델의 통계적 신뢰도가 입증되면, 이 추정된 예측 모델을 이용하여 지난 기간Time Period의 매출예측치를 베이스라인Baseline 매출로 일단 정할 수 있다. 이 베이스라인 매출을 기반으로 기업이 직접 통제할 수 있는 마케팅 믹스 변수Marketing Mix Variable들을 어

매출예측 모델 구축을 통한 매출목표 설정(예시)

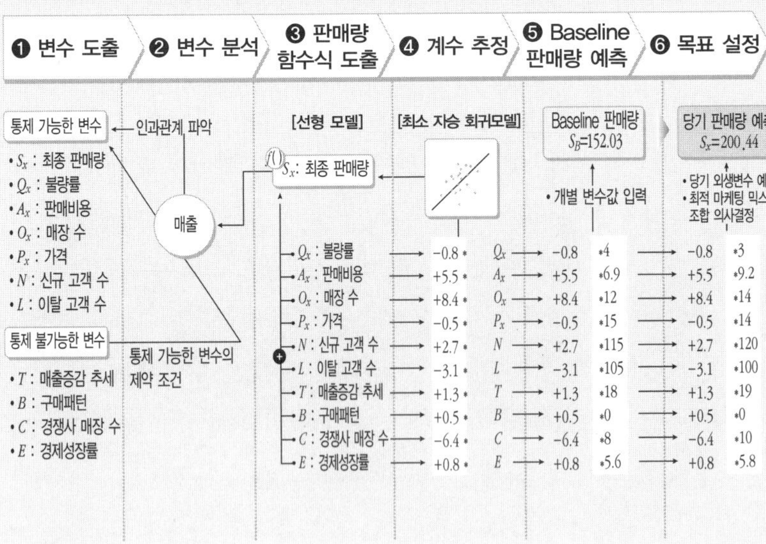

느 수준으로 정할 것인지(예를 들어 가격은 얼마로, 채널 수는 몇 개로 등등)에 대한 전략적인 결정을 통해 추구할 최종 매출목표를 정하게 되는데, 이러한 매출예측과 목표 설정과정을 보여주는 하나의 방법론을 소개하고자 한다. 여기서는 매출을 예측하는 계량적 모델 구축과정을 간단히 살펴보고 베이스라인 매출Baseline Sales을 예측한 후, 베이스라인 매출과 기업의 역량 및 가용자원에 비추어 전략적 선택을 통해 목표를 설정하는 과정을 살펴보기로 한다.

i) 매출에 영향을 주는 모든 원인변수들을 찾은 후, 통제가 가능하지 않은 변수Uncontrollable Variables들과 통제가 가능한 마케팅 변수Controllable Marketing Variables들로 나누어 2개의 변수군Variable Group을 정한다. 예를 들어, 시장에 있는 경쟁상품 또는 경쟁사의 보완상품과 같은 관련상품에 대한 변수들이나 구매자의 소득이나 선호/취향, 정부의 규제나 정책, 외부 경제상황 등은 기업이 통제할 수 있는 변수가 되지 못한다. 반면, 기업이 직접 통제할 수 있는 마케팅 변수들은 상품품질, 상품관련 디자인, 스타일, 판매 후 서비스, 광고와 판촉에 관련된 변수, 매장 수, 채널종류, 가격과 할인 정책, 신규로 획득한 고객 수, 이탈 고객 수 등을 예로 들 수 있겠다. 이 2가지 변수군에 속하는 여러 변수들을 다음의 그림에 예시해 보았다. 이 그림에 제시된 변수 외에도 가용 데이터가 있는 원인변수는 예측 모델에서 얼마든지 사용 가능하다. 기업의 매출에 영향을 주는 통제 불가능한 어떤 변수들은 때때로 그 중요성은 인식된다 하더라도 측정이 용이하지 않아 예측 모델에 직접 사용이 어려운 것들도 있다. 또한 기업이 직접적으로 통제가 가능한 변수라 하더라도 그 영향이 단기적으로 미미하거나 나타나지 못할 수도 있으므로 이러한 변수들도 예측

모델을 구축하는 데서 제외할 수밖에 없는 경우도 생긴다. 그러므로 데이터가 가용하다 하더라도 통제가 가능한 변수들이 늘어날수록 데이터의 요건도 늘어나 모델 구축이 어려워질 수 있으므로 변수들에 대한 우선순위를 정한 후, 핵심 변수를 선정하여 예측 모델을 구축하는 것이 좋다.

기업의 통제여부에 따른 마케팅 변수 구분

통제 불가능한 외부변수	통제 가능한 변수
• 매출 증가/감소 추세 – 기간 추세값 • 구매자들의 선호/취향/규칙성 있는 구매패턴 – 예) 인당 평균구매액 • 경쟁사들의 활동/실행조치들 – 예) 경쟁사들의 매장 수 • 경제여건에 관련된 변수들 – 예) 경제성장률	• 상품관련 변수 – 품질/디자인/스타일/서비스 • 상품가격 • 채널관련 변수 – 매장 수/판매인력 • 판촉과 광고활동 • 신규 고객 수 • 이탈 고객 수

기업의 매출에는 영향을 주지만, 통제할 수 없는 변수들

T: 시간에 따른 시장 전체의 매출 증가/감소 추세

B : 구매자들의 선호/취향/규칙성 있는 구매패턴

C : 측정할 수 있는 경쟁사들의 실행조치(예 : 경쟁사 매장 수 증가)

E : 경제여건을 반영해 주는 변수들(예 : 경제성장률, 구매자의 소득)

기업이 통제할 수 있는 핵심 마케팅 믹스 변수들

S_x : 상품 x의 (기간)최종 판매량(단위 : 백만 개)

Q_x : 상품 x의 불량률(단위 : %)

A_x : 상품 x를 위한 판촉활동 비용(단위 : 억 원)

O_x : 상품 x를 위한 매장 수(단위 : 100개)

P_x : 상품 x의 가격(단위 : 천 원)

N : 신규 고객 수(단위 : 1,000명)

L : 이탈 고객 수(단위 : 1,000명)

ii) 일단 통제 가능한 마케팅 변수들과 통제가 가능하지 않은 변수들이 구분되고 우선순위에 따라 변수들이 선정되면, 매출을 예측하는 통계적 모델은 다음과 같은 2가지 질문에 대한 답변을 찾는 과정을 통해 구축할 수 있다.

- 매출과 선정된 핵심 마케팅 믹스 변수들Marketing Mix Variables 간에는 어떠한 인과관계가 존재하는가?
- 통제할 수 없는 변수들은 기업이 직접 통제할 수 없으므로, 기업이 당면하고 있는 제약조건으로 취급한다. 즉, 이러한 외생변수들의 수준이나 값이 외부적으로 주어졌다면, 설정된 목표매출을 달성하기 위해서는 핵심 마케팅 믹스 변수들의 값이 어느 수준에서 결정되어야 하는가?

iii) 위의 2가지 질문에 답변할 수 있는 계량적 모델을 함수식으로 정리해 보면, 다음과 같이 판매량을 도출된 변수들의 일반적인 함수로 표현할 수 있다.

$$S_x = F(Q_x, A_x, O_x, P_x\,;\ T, B, C, E, \cdots)$$

여기에서 $F(.)$는 함수를 나타내고, 구체화된 특정 함수가 아닌 일반적인 함수 형태로 표현되어 있다.

개별 마케팅 믹스 변수들의 특정 타깃세그먼트 매출에 대한 영향력을 정량적으로 밝히기 위해서는, 이제 선정된 핵심 마케팅 믹스 변수들과 매출 간의 인과관계를 대표할 수 있는 일반적인 함수가 아닌 특정 함수를 구체적으로 설정해야 한다. 일반적으로 많이 사용되는 선형모델Linear Model로 함수식을 표현해 보면 다음과 같다.

$$S_x = F(Q_x, A_x, O_x, P_x, N, L; T, B, C, E, \cdots)$$
$$= \beta_0 + \beta_1 * Q_x + \beta_2 * A_x + \beta_3 * O_x + \beta_4 * P_x + \beta_5 * N + \beta_6 * L$$
$$+ \beta_7 * T + \beta_8 * B + \beta_9 * C + \beta_{10} * E + e \ (e: \text{예측 모델 오차})$$

iv) 일단 특정 함수가 선정되어 모델이 만들어지면, 가용한 데이터를 기반으로 모델을 추정하여 계수들의 추정치를 구하게 된다. 일반적으로 사용되는 최소자승법Least Squares Method에 의해 회귀모델을 추정하여 변수들의 계수추정치를 다음과 같이 얻었다고 가정해 보자.

$$S_x = 62.3 - 0.8 * Q_x + 5.5 * A_x + 8.4 * O_x - 0.5 * P_x + 2.7 * N - 3.1 * L$$
$$+ 1.3 * T + 0.5 * B - 6.4 * C + 0.8 * E$$

v) 위의 추정된 선형회귀모델이 통계의 전형적인 기준에 비추어 통계적인 유의성과 함께 예측오차가 작다면, 이 추정식을 이용해 매출에 미치는 개별 변수들의 영향을 계량화할 수 있고, 개별 변수들의 값에 따라 이

에 대응되는 베이스라인 판매량을 예측할 수가 있다. 예를 들어, ① 현시점에서 시간에 따라 증가하는 매출추세를 나타내 주는 추세값, T=18(시계열 데이터에서 18번째 기간을 나타내는 시간변수 T의 값), ② 시장이 성숙단계에 접어듦에 따라 3년 전부터 매년 인당 평균구매액이 줄어드는 규칙적 패턴의 구조적 변화를 나타내는 모의 변수Dummy Variable의 값, B=0(B=1이면 인당 평균구매액의 증가를 나타내고 B=0이면 인당 평균구매액의 감소를 나타냄), ③ 지난 기간 경쟁사들의 매장 수를 나타내는 변수가 C=8(단위 : 100개)로 알려졌고, ④ 지난 기간의 경제성장률은 E= 5.6%였다고 가정하자. 동시에, 지난 기간 동안 위에서 예시한 핵심 마케팅 변수들의 값이 다음과 같았다면, Q_x= 4(%), A_x= 6.9(억 원), O_x=12(단위 : 100개), P_x =15(천 원), N=115(단위 : 1,000명), L=105(단위 : 1,000명), 이에 상응하는 지난 기간의 판매량은 회귀모델 추정에 의해 다음과 같이 구해진다.

$$\begin{aligned} S_x &= 62.3 - 0.8*Q_x + 5.5*A_x + 8.4*O_x - 0.5*P_x + 2.7*N - 3.1*L \\ &\quad + 1.3*T + 0.5*B - 6.4*C + 0.8*E \\ &= 62.3 - 0.8*(4) + 5.5*(6.9) + 8.4*(12) - 0.5*(15) + 2.7*(115) \\ &\quad - 3.1*(105) + 1.3*(18) + 0.5*(0) - 6.4*(8) + 0.8*(5.6) \\ &= 152.03 \end{aligned}$$

vi) 이 추정식에 의해 지난 기간 동안의 판매량 예측치는 152.03(백만개)으로 계산되어 구해진다. 이 예측 모델이 통계적으로 유의하다면 모델의 예측력이 높아 지난 기간 동안에 실제로 실현된 실제 매출은 이 모델에서 구해진 매출예측치와 가까워 예측오차가 수용할 만할 정도로 작게 나올 것이다. 또한 다음 기간 동안에 판매량이 얼마나 될 것이고 얼마를 목표로 잡을 것인가에 대한 결정을 할 때, 다음 기간에도 지난 기간 동안 관찰된 변수들의 값이 동일한 수준에서 주어진다면, 다음 기간에서도 얻을 수 있는 판매량은 동일할 것이고 이 판매량 수준을 여기서는 베이스라인 판매량[10]Baseline Sales Volume이라고 부르고자 한다. 다시 말하면, 다음 기간의 베이스라인 판매량이란 다음 기간에 예상되는 외적인 변수들과 마케팅 변수들의 수준이나 값이 지난 기간과 동일하게 주어질 때 기업이 얻게 되는 판매량 수준으로 해석할 수 있고, 이를 S_B =152.03(백만 개)으로 표시하고자 한다. 기업의 상황에 비추어 판매량으로 설정하려는 판매량 수준이 이보다 높다면, 기업은 지난 기간에 핵심 마케팅 변수들이 취했던 값과 다른 수준으로 결정하여 실행으로 옮겨야 지난 기간보다 높은 판매량 목표를 달성할 수 있다는 것을 이 예측 모델은 시사한다.

여기서는 기존 상품의 판매량을 예측하는 모델을 구축하고 이를 이용하여 적절한 판매량 목표를 설정하는 과정을 보여주고 있다. 그런데 기존 상품의 판매량 예측 모델과는 달리, 신규 상품의 경우에는 과거 판매량에 대한 데이터가 실제로 존재하지 않으므로 판매량 데이터를 사용하는 예측 모델과는 다른 예측 모델을 구축해야 한다. 신규 상품의 판매량을 예측

10) 여기서 사용하는 예의 경우에는 도출된 베이스라인 판매량 예측은 목표시장으로 선정된 특정 세그먼트가 한 개라는 가정하에 베이스라인 판매량이 도출되었다. 그러나 여러 개의 세그먼트를 목표시장으로 선정했을 때는 위의 베이스라인 판매량 예측이 특정 세그먼트에 대한 것이 되고, 동일한 방법으로 세그먼트별로 판매량을 예측한 후, 세그먼트에서 도출된 판매량 예측을 합하여 전체 시장 수준의 베이스라인 판매량 예측을 구할 수 있다.

하고 판매량 목표를 설정할 때는 판매량 데이터 대신 목표고객들의 구매 의향Purchase Intent에 대한 데이터 또는 신규 상품 콘셉트에 대한 선호 Preference/선택Choice 데이터를 수집하여 적절한 계량적 모델을 구축하고 이를 기반으로 판매량을 예측하곤 한다.

vii) 이렇게 베이스라인 판매량이 통계적으로 수용할 수 있을 정도로 정확한 예측값이 나오면 이를 기반으로 하고, 기업의 역량과 가용자원에 비추어 다음 기간에는 어느 정도의 판매량을 실제로 달성할 수 있는지에 대한 전략적인 결정을 하여 추구하고자 하는 최종 판매량 목표를 설정할 수 있다. 여기서 정하고자 하는 최종 판매량 목표는 다음 질문에 대한 답을 통해 결정될 수 있다.

- 접하고 있는 제약조건이 외생적으로 주어지고, 기업이 통제할 수 있는 핵심 마케팅 믹스 변수들의 값이 기업이 정할 수 있는 범위 내에서 결정된다면 가능한 매출수준은 어떻게 될 것인가?

viii) 위에서 사용했던 예로 돌아가, 다음 기간의 매출을 예측해 보자. 즉 T=19 동안에 고객의 구매패턴은 동일하게 감소패턴이 지속될 것으로 알려졌으므로 B=0, 경쟁사들이 다음 기간에 매장을 1,000개까지 늘린다는 선언을 하였기에 C=10(단위 : 100개), 그리고 다음 기간의 경제성장률은 E=5.8%로 값이 추산된다고 하면 다음과 같은 중간 추정식을 얻을 수 있다.

$$
\begin{aligned}
S_x &= 62.3 - 0.8*Q_x + 5.5*A_x + 8.4*O_x - 0.5*P_x + 2.7*N - 3.1*L \\
&\quad + 1.3*T + 0.5*B - 6.4*C + 0.8*E \\
&= 62.3 - 0.8*Q_x + 5.5*A_x + 8.4*O_x - 0.5*P_x + 2.7*N - 3.1*L \\
&\quad + 1.3*(19) + 0.5*(0) - 6.4*(10) + 0.8*(5.8)
\end{aligned}
$$

이제 마케팅 의사결정을 하고 찾아내야 하는 것은 다음과 같다. 핵심 마케팅 변수들로 선정된 Q_x, A_x, O_x, P_x, N, L 변수들의 값을 기업의 상황과 여건을 고려하여 어느 수준으로 정할 수 있으며, 그 수준에 대응하여 나오는 매출예측치는 얼마가 될 것인가 하는 것이다. 예를 들어, 기업의 가용자원과 적정자원 배분, 가용 정보와 역량, 시장의 경쟁 여건 등을 고려하여 이에 맞는 시뮬레이션을 통해 최적의 조합으로 핵심 마케팅 믹스 변수들의 값이 $Q_x = 3$(%), $A_x = 9.2$(억 원), $O_x = 14$(단위 : 100개), $P_x = 14$(천 원), $N=120$(단위 : 1,000명), $L= 100$(단위 : 1,000명)으로 정해졌다고 하자. 그렇다면 위의 추정식을 통해 이에 대응하는 다음 기간의 예상 판매량은 $S_x = 200.44$(백만 개)가 된다.

$$
\begin{aligned}
S_x &= 62.3 - 0.8*Q_x + 5.5*A_x + 8.4*O_x - 0.5*P_x + 2.7*N - 3.1*L \\
&\quad + 1.3*T + 0.5*B - 6.4*C + 0.8*E \\
&= 62.3 - 0.8*Q_x + 5.5*A_x + 8.4*O_x - 0.5*P_x + 2.7*N - 3.1*L \\
&\quad + 1.3*(19) + 0.5*(0) - 6.4*(10) + 0.8*(5.8) \\
&= 62.3 - 0.8*(3) + 5.5*(9.2) + 8.4*(14) - 0.5*(14) + 2.7*(120) \\
&\quad - 3.1*(100) + 1.3*(19) + 0.5*(0) - 6.4*(10) + 0.8*(5.8) \\
&= 200.44
\end{aligned}
$$

이렇게 얻어지는 판매량 예측값은 통계적 유의성을 가지고 있는 모델로부터 추정된 것이므로 수용할 만할 정도의 높은 예측력Predictive Power을 갖고 있어 신뢰할 만한 매출예측값이 된다. 이렇게 마케팅 믹스 변수들의 값에 대한 의사결정이 이루어지면, 그 결과로 얻게 되는 판매량 수준을 예측해 볼 수 있고, 생산과 공급 측면의 여건을 고려하여 예측된 판매량 수준이 달성 가능한지를 평가해 본 후, 최종적으로 판매량 목표를 설정하게 된다. 여기서 기억해야 할 것은 마케팅 믹스 변수들이 다른 조합의 값을 취하더라도 목표를 달성할 수 있는 판매량 예측치가 나올 수도 있다는 점인데, 이때 마케팅 의사결정은 자원의 적정배분이나 Cost-benefit 분석기준에 의하여 비용대비 효과를 극대화할 수 있는 마케팅 변수값들의 조합이 되도록 목적 달성과 일관된 전략적인 의사결정이 되어야 한다. 여기에서 목표 설정을 위해 구축한 판매량 예측 모델이나 핵심 마케팅 변수들의 수준에 대한 의사결정은 뒤에서 논의하게 되는 실행을 위한 CRM 마케팅 믹스 결정과 중복되는 부분으로, 동일한 단계에서 동시에 이루어질 수도 있다는 것을 다시 언급해 두고자 한다.

실제 비즈니스 적용 사례 : 설정된 사업목표

H사는 시장과 고객, 자사와 경쟁사에 대한 분석을 토대로 다음 회계연도의 매출목표를 수립하고자 했다. 지속적인 성장을 담보하기 위해서는 당기 성과에 대한 명확한 분석을 통해 차기 전략 수립을 위한 피드백이 무엇보다 중요했고, 목표 설정과 달성을 통한 조직 구성원의 역량 결집을 위해서라도 실현 가능하고 합리적인 목표 수립이 필요했다.

(1) 베이스라인 예측 모델구축

Segment	'04년 시장 전체 매출 (Million USD)	'04년 자사 매출 (Million USD)
• Scoreboards	120	0
• Rentals & Demos	232	23
• Auditoria/Board/Conference Rooms	310	31
• Military Simulators	200	21
• Advertising/Museums/Trade Shows	300	6
• Entertainment/Business Theaters	216	0
• Industrial Design	140	12
합 계	**1,518**	**93**

이 시장에서 자사의 업력이 길지 않으므로 매출 데이터가 판매예측 모델Sales Forecasting Model을 구축하기에 충분하지 않았다. 따라서 통계적인 매출예측 모델을 구축하는 대신 투입된 자원/예산과 시장에서의 매출 사이의 관련성을 다양한 시뮬레이션Simulation을 통해 베이스라인이 될 수 있는

매출을 찾아보았다. 딜러 네트워크Dealer Network를 이용한 간접영업이 주가 되는 이 상품은 2004년 총 93개의 고가품의 LV 프로젝터Light Valve Projector가 판매되었는데, 투입된 영업인력은 총 4명의 RSMRegional Sales Manager과 22명의 영업사원이었고, 전체 마케팅 비용은 US $225,000 정도였다. 간접판매의 핵심 요소가 되는 프로젝터 딜러는 37곳이었다. 이렇게 매출에 영향을 주는 핵심 인자들과 지난해 매출을 중심으로 영업인력 인당 매출/영업인력 인당 마케팅 비용을 이용한 시뮬레이션을 통해 아래의 표와 같은 시뮬레이션 결과를 도출했다.

시뮬레이션 결과 정리

	'04년 투입자원 (USD)	'05년 투입자원 (USD)	'05년 예상 추가매출 (Million USD)
영업인력	22	34	46
			-영업인력 증가 및 딜러 네트워크 확장으로 인한 추가매출
딜러 네트워크	37	70	
마케팅 비용(USD)	225,000	320,000	4
합 계			**50**

(2) 예측을 기반으로 한 매출목표 설정

업계의 추산에 의하면 이 프로젝터 시장은 매년 10%의 성장추세를 보이고 있다. 이를 감안하고 동일한 시뮬레이션을 통해 내년에는 시장성이 좋은 차세대 상품을 150개 판매하려는 목표를 설정하였다. 여러 시장 세그먼트의 성장세를 통한 수요측면을 보면 추가매출을 위해 충분한 시장여력이 있음이 확인되고, 달성 가능한 타깃세그먼트별 매출을 설정해 보았다. 동시에 위에서 사용한 시뮬레이션을 통해 설정된 매출목표를 달성하는 데 요구되는 투입자원으로 4명의 RSM을 포함하여 34명의 영업인력, 딜러 네트워크는 70곳으로 확장, 마케팅 예산으로 US $320,000를 책정하였다.

Segment	'04년 시장 전체 매출 (Million USD)	'04년 자사 매출 (Million USD)	'05년 매출목표 (Million USD)
• Scoreboards	120	0	9
• Rentals & Demos	232	23	34
• Auditoria/Board/Conference Rooms	310	31	42
• Military Simulators	200	21	34
• Advertising/Museums/Trade Shows	300	6	8
• Entertainment/Business Theaters	216	0	0
• Industrial Design	140	12	23
합 계	**1,518**	**93**	**150**

H사는 이러한 정량적인 시뮬레이션을 바탕으로 각 세그먼트별 '05년 매출목표를 도출하였다. Bottom-up 방식의 매출목표 설정을 통해 '05년 총 매출목표를 US $150Million로 정했고 H사는 이를 달성하기 위한 전략수립에 들어갔다.

설정된 사업목표(Established Goals) – 정리

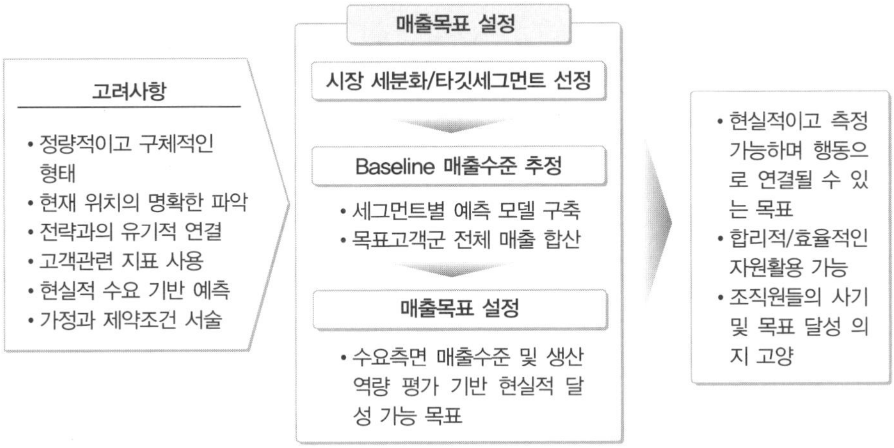

3. 실행전략 Actionable Strategies

기업이 달성하고자 하는 목표를 설정했다는 것은 현재 어느 곳에 위치해 있는지를 파악하고, 어디로 갈 것인가를 결정했다는 것을 말한다. 그렇다면 자연스럽게 따라 나오는 질문은 무엇을 어떻게 하여 목표로 하는 곳에 도달할 것인가이다. 이것을 앞에서 언급했던 서울에서 출발하여 부산으로 가는 여행에 비유해 보자. 출발점과 목적지가 구체적으로 결정되었다면, 이제 질문은 어느 방향 또는 어느 길로, 어디를 거쳐서 어떻게 목적지인 부산까지 갈 것인가이다. 이 질문에 대한 답변이 바로 목표를 향해 나아갈 방향과 길을 제시하는 전략과 이 전략하에서 실행될 CRM 마케팅 믹스CRM Marketing Mix라고 할 수 있다. 여기서는 실행을 위한 전략에 주안점을 두어 먼저 논의하고, 수립된 전략하에서 실행될 구체적 CRM 마케팅 믹스에 대한 논의는 뒤이어 하도록 한다. 설정된 목표 달성을 위해 전략을 수립할 때는 어떠한 전략을 어떻게 선택하고 실행해 나갈 것인가? 이를 위해서는 기본적으로 기업이 취할 수 있는 모든 전략의 대체안/선택안Strategy Alternative을 찾아내고, 기업의 역량과 상황에 비추어 목적 달성을 위해 최선이 될 수 있는 전략안을 선택하는 의사결정이 요구된다. 이러한 관점에서 전략을 수립한다는 것은 목적 달성을 위한 최적의 전략을 선택하는 의사결정 과정이라고 할 수 있다. 그런데 주위를 살펴보면 전략이란 단어는 너무도 흔히 쓰이고 있고, 그래서 때로는 남용/오용되고 있는 것을 종종 관찰할 수 있다. 따라서 여기서는 전략에 대한 기본적인 이해를 위해 전략수립을 위한 프레임워크와 함께 전략의 의미를 먼저 살펴보도록 한다. 그리고 전략수립에 필수적인 요건이 되는 CRM 인텔리전스와 더불어 전략수립 프로세스를 구체적인 예와 함께 논의하고자 한다.

(1) 전략에 대하여

전략이란 용어는 기업에서 널리 사용되고 있지만 그 용어를 사용하는 사람과 상황에 따라 다양한 의미를 줄 수 있기에 이를 둘러싼 혼돈이 자주 관찰된다. 전략관련 문헌에서도 모든 사람이 수용할 수 있을 정도로 호소력 있어 동의할 수 있는 전략에 대한 정의를 필자는 아직 보지 못했다. 이와 같이 전략을 간결하게 정의하는 일은 쉬운 일이 아니므로, 먼저 전략의 특성과 전략수립을 위한 프레임워크Framework for Strategy Formulation를 생각해 본 후에 전략에 대한 정의를 내려보고자 한다.

이 책에서 제안하는 CRM 마케팅 플랜의 관점에서 보면, 설정된 사업목표가 소비자의 니즈를 충족시키기 위한 기업의 전략적 방향의 구체적인 이정표라면, 전략이란 무엇을 어떻게 해서 설정된 목표를 달성할 것인가라는 질문에 대해 실행을 위한 방향과 길을 제시하는 것이라고 생각할 수 있다. 다시 말하면, 설정된 목적지에 어떤 방향으로 또는 어떤 길로 갈 것인가라는 질문에 대한 답변이 바로 전략이다. 따라서 전략을 수립한다는 것은 목표가 되는 종착점에 도달하기 위한 최적의 길이나 방향을 찾는 것이 될 것이다. 그러면 목표 달성을 위한 최적의 방향/길을 선택하고자 하는 전략수립을 다음과 같이 가시화된 프레임워크와 관련하여 생각해 보자.

전략수립을 위한 프레임워크

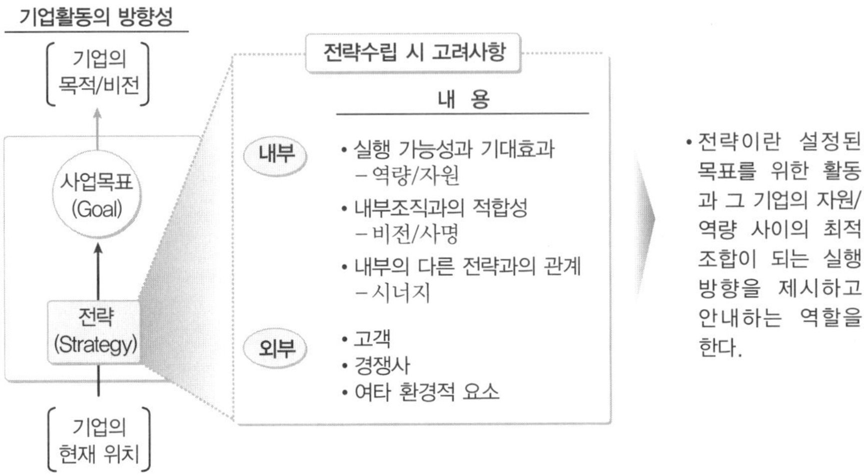

위의 그림에서 나타나듯이, 전략이란 설정된 목표를 달성하기 위해 기업이 수행하려는 활동들과 그 기업이 가지고 있는 자원과 역량 사이에 최적의 결합이 되는 실행방향을 제시하고 안내하는 역할을 한다고 볼 수 있다. 목적 달성을 위해 최적의 전략을 구축하려면, 기업의 비전Vision/사명Mission, 역량, 자원, 그리고 다른 전략과의 시너지 가능성 등 기업 내부적 요소와 고객, 경쟁사, 그리고 여타 환경과 관련된 외부적 요소들을 동시에 고려해야 한다. 그리하여 어떻게 하면 이러한 요소들과 설정된 목표 사이에 조화를 이룰 수 있을까 고민하며, 정보에 기반한 깊이 있는 분석을 통해 실행 가능한 최적의 전략을 찾아내야 한다. 예로, 아무리 경쟁사의 전략과 차별화된 전략이라 하더라도, 이 전략을 수행하는 데 필요로 하는 기업의 자원 또는 내부 역량이 결핍되거나 기업 내부의 다른 전략과 상충된다면, 그 전략은 목표를 달성하는 데 효과적일 수 없다. 따라서 최적인 전략은 기업이 자원, 역량, 그리고 전사적 시너지를 극대화할 수 있도록 수립되어야 한다. 동시에 전략이란 기업을 둘러싸고 있는 외부환경도 충분히 고려하여 최적의 조화를 이룰 수 있게 수립되어야 한다. 기업을 둘러싸고 있는 환경은 지속적으로 변하기 때문에 전략수립을 위한 의사결정은 변화에 대한 대응도 충분히 감안해야 한다. 외부적 환경변화의 범위와 속도 또한 다양할 것이므로 이를 반영할 수 있는 전략적 의사결정이 동반되어야 할 것이다.

그렇다면 이러한 전략수립 프레임워크하에서 전략이 갖게 되는 특성을 생각하면서 정리해 보자.

- 전략이란 목적 달성을 위한 수단이고 그 자체가 목적이 되지는 않는다.
- 전략이란 목적 달성을 위한 기업의 구체적인 활동방향을 제시하고 인도한다.
- 전략이란 본원적으로 동적Dynamic이고, 어느 특정 시점에서만 이루어지는 것이라기보다는, 일정기간 지속되는 시간적 차원을 가지고 있다.
- 전략은 목표를 달성하기 위해 일정기간 동안 지속될 활동경로를 제시한다.
- 전략은 기업이 추구하는 목적, 활동, 그리고 가용 자원과 역량이 최적으로 통합된 모습이 되는 방향을 제시한다.
- 전략은 그 기업의 활동과 외부환경 사이에 조화를 이룰 수 있게 해야 한다.
- 전략은 궁극적인 결과를 염두에 두고 수립되어야 한다.

- 전략은 가정/전제하에 수립되기보다는 사실/정보에 기반해 수립되어야 한다.

여기까지는 전략의 개념, 전략수립을 위한 프레임워크, 전략의 특성들을 살펴보았는데, 이를 기초로 하여 이제 이 책에서 제안하는 CRM 마케팅 플랜의 관점에서 실행을 위한 전략을 다음과 같이 정의하고자 한다.

> 전략이란 기업이 처해 있는 시장환경하에서, 기업이 달성하고자 하는 목표와 기업이 내부적으로 가지고 있는 자원과 역량(현재 가지고 있거나 향후 갖추어 보유해야 할 잠재적 역량), 그리고 외부적인 요소(고객, 경쟁사, 그리고 환경적 요소)들에 비추어 목표 달성을 위해 최적으로 선택된 활동들의 장기적이며 일관된 경로Consistent and long-term course of actions라고 할 수 있다.

여기 제시된 전략의 정의에 비추어 기업의 전략을 살펴보면, 실제로 많은 기업에서 전략과 목표를 혼용하여 사용하고 있는 것을 발견하게 된다. 예를 들어, 얼마 전 어느 시중은행에서 목표를 'ROA 1.2%, ROE 20%, 순이익 2조 원 이상' 으로 정하고, 이를 달성하기 위해 필요한 전략을 '수익성 높은 겸업금융체제 구축' 으로 수립했다고 어느 신문지상에 보도된 적이 있다. 앞서 제시된 전략의 정의에 비추어 보면, 전략이란 구체적인 결과를 보여주기보다는 경로/방향 또는 수단을 의미하는 것이 되어야 한다. 그런데 위에서 예로든 '수익성 높은 겸업금융체제 구축' 이라는 전략은 과연 전략이라고 부르는 것이 맞는지, 아니면 그 자체가 낮은 차원에서 달성하고자 하는 또 하나의 목표나 달성과정상에서 중간 결과가 되는 것인지 혼돈스러울 수밖에 없다. 의도와는 달리 언어 표현의 문제일 수도 있겠지만, 이에 대해서는 독자들의 생각과 판단에 맡기고자 한다.

전략에 대해 한 가지 더 언급하고 싶은 것은 전략도 차원에 따라 여러 가지로 분류될 수 있다는 것이다. 즉 가장 높은 수준인 회사 전체 차원에서 시작하여 여러 단계로 전략의 수준과 범위를 분류할 수 있다.

전략의 계층별 수준과 CRM 전개

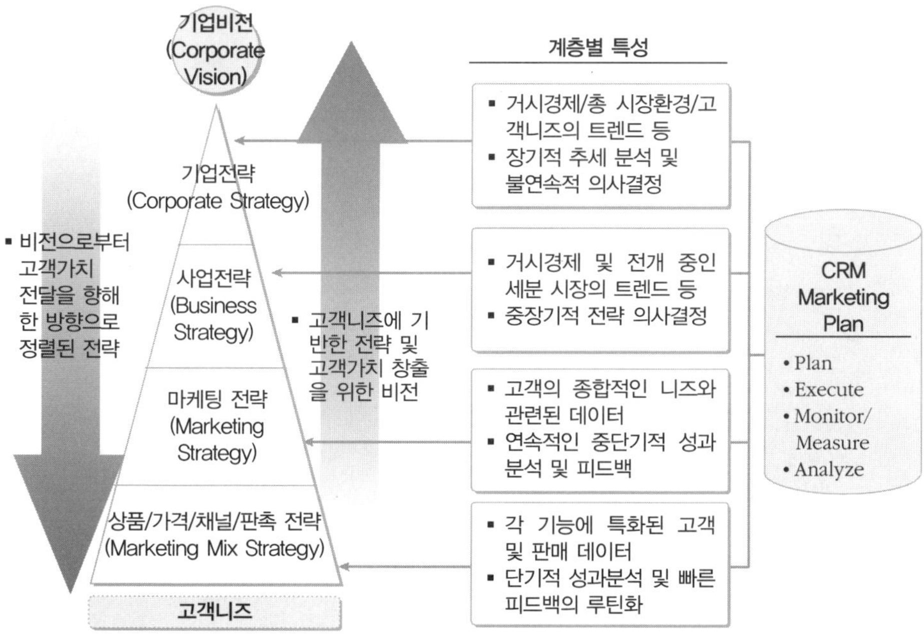

CRM은 전사적인 관점에서 전개되고 마케팅 플랜은 특정 사업분야 차원에서의 마케팅 관점에서 수립되므로, 여기에서 제시하는 CRM 마케팅 플랜

은 다양한 차원과 수준에서 전략의 선택이나 전략적 의사결정을 포함할 수 있기에 CRM이 전개되는 양상은 각 수준별로 차이가 있을 수 있다. 예컨대, 상품전략은 보다 구체적인 고객니즈를 반영하고 의사결정을 위한 데이터 분석과 전략적 의사결정이 매우 신속하고 단기적으로 자주 이루어질 것이나, 기업전략은 보다 높은 차원의 시장상황을 반영하고 데이터 분석과 의사결정은 비교적 신중하고 제한적인 실험을 거쳐 이루어질 것이다. 따라서 마케팅 실무자의 입장에서는 상위전략에 맞추어 CRM 마케팅 플랜을 적용할 수 있을 것이나, 최고경영자의 입장에서는 CRM 마케팅 플랜의 적용에 있어서 다음에 설명할 CRM 인텔리전스의 구축, 데이터 보관 및 처리 시스템의 설계뿐 아니라, CRM을 활용한 각 전략 계층별 의사결정 프로세스 및 이를 지원할 조직구조와 인력관리까지 생각해야 할 수 있다. 예컨대, 하나의 데이터베이스Database로 조직 전체의 데이터를 관리하고 각 계층별로 분석 및 의사결정 조직을 둘 것이냐, 하나의 조직이 전사의 계층별 의사결정을 위한 분석을 담당하고 필요할 때마다 의사결정 프로젝트의 태스크포스Taskforce로 참여시킬 것인가, 혹은 Data Warehouse 자체를 아웃소싱할 것인가 하는 의사결정이 필요할 수 있다. 또한 전략계층의 수준에 따라 정보나 자료의 특성이 변할 수 있다. 예를 들어 CRM 프로세스상에서 다루고 분석하는 기업 내부 인력 및 자원에 대한 변수는 기업 의사결정의 개성에 따라 하위 수준에서는 통제 불가능한 변수일 수 있고 상위 수준으로 갈수록 통제 가능한 변수가 될 수 있다.

전략에 대하여 마지막으로 강조하고자 하는 것은 기업경영에 있어서 전략적 사고Strategic Thinking의 중요성이다. 전략은 경영에 있어서 최소한 일정기간 동안 기업의 활동이 일관적으로 실행되기 위해 수립되고 이로 인해 나타나는 결과에 대한 예측을 기초로 하여 결정된다고 할 수 있다. 그러므로 전략은 반드시 전략적 선택을 위한 의사결정을 필요로 하게 되고 이를 위해서, 기업은 행동의 시작과 끝에 대한 깊고 신중한 사고를 통해 사후적인 결과를 예견할 수 있는 역량을 길러야 한다. 이러한 역량이 다름 아닌 전략적 사고역량이라고 할 수 있다. 마치 바둑을 둘 때, 추구하는 목표를 정하고 한 수씩 두어 갈 때 각각의 수가 전혀 관련 없이 두어지는 것이 아니라 목표와 일관성 있는 움직임 속에서 진행되는 것이다. 바둑을 잘 두는 기사란 이러한 움직임에 대한 최종 결과를 잘 예측할 수 있는 사람을 말하는 것일 것이다. 마찬가지로 시장경쟁에서 승리하는 기업은 기업이 세운 목표를 달성하는데 필요한 전략적 사고를 잘하는 기업임에 틀림없다. 기업이 처해 있는 상황에서 무엇을 어떻게 하면 어떠한 결과를 얻을 수 있으므로, 어떠한 전략으로 일관된 행동을 전개하면 목표에 도달할 수 있을까에 대한 솔루션을 적절히 찾아낼 수 있는 역량을 가진 기업일 것이다. 그러므로 동서를 막론하고 어느 기업에서나 전략적 사고는 중요하다. 그렇기에 외국의 선진기업에서는 전략적 플래닝Strategic Planning이나 시나리오 플래닝Scenario Planning 또는 예측 모델Predictive Model 등을 통해 사후적 결과에 대한 사전인지를 기반으로 현실적인 전략을 수립하는 전략적 사고역량을 중요시하는 것이다. 전략적 사고란 기업의 문제나 목표를 올바로 인식하고 적절한 접근방법을 고안해 논리적 사고를 바탕으로 효과적인 해법을 찾아내는 역량이라고 할 수 있는데, 이 부분이 국내기업들이 취약한 부분 중의 하나라고 생각한다. 필자의 관찰에 의하면, 어느 국내기업의 전략은 위에서 예를 든 것과 같이 전략인지 목표인지를 구분하기 힘든 경우도 많고, 때로는 달성하려는 목표와 전략의 관련성이 애매한 경우도 자주 발견된다. 구체적인 예로 어떤 기업의 경우 '고객감동 경영실천' 이라는 중점 추진전략을 내세우고 있지만, 고객감동의 정의가 무엇인지 또 어떻게 측정될 수 있는 것인지가 명확하지 않아, 결과 예견이 어렵고 성공적인 실행결과의 판단기준이 없어 공허하게 들려 실행이 잘되기 어렵다. 따라서 우리는 이런 전략적 사고에 대한 역량부족을 인식하고 이에 대한 훈련을 통해 실무역량을 키워나가야 할 것이다.

전략에 대하여

전략의 특성 및 정의

- 목적 달성을 위한 수단
- 구체적인 활동방향을 제시
- 동적(Dynamic)/일정기간 동안 지속
- 추구 목적, 활동 및 가용 자원과 역량을 최적으로 통합
- 기업의 활동과 외부환경과의 조화
- 궁극적인 결과를 고려
- 사실/정보에 기반해 수립

"목표 달성을 위해 최적으로 선택된 활동들의 일관된 경로"

유의 사항

전략의 계층별 수준

- CRM 마케팅 플랜은 다양한 차원과 수준의 전략에서 전개될 수 있음
- 각 수준의 전략마다 전개되는 CRM 마케팅 플랜의 양상은 조금씩 차이가 있음

전략적 사고의 중요성

- 사후적인 결과를 예견하고 솔루션을 위해 일관된 전략을 개발해야 함
- 문제/목표의 올바른 인식을 위한 방법론 개발 및 논리적 사고에 기반한 문제해결
  - 전략적 플래닝, 시나리오 플래닝, 예측 모델 등을 통한 결과 사전인지

(2) 전략수립을 위한 CRM 인텔리전스Intelligence

앞 절에서 논의한 전략수립을 위한 프레임워크를 보면, 설정된 목표를 달성하기 위한 전략이 수립되려면 기업의 내부적 요인들뿐 아니라 외부적/환

경적 요인들도 반드시 고려해야 한다는 것을 알 수 있다. 또한 이러한 전략 수립의 프레임워크는 전략이 기업의 내부적/외부적 요인들에 대한 정보를 수집/분석/적용하는 인텔리전스Intelligence[11)]에 기반하여 수립되고 있다는 것을 시사하는데, 이는 정보의 중요성을 강조하고 있다고 하겠다. 과거에는 물론 지금도 적지 않은 기업들이 뚜렷한 정보나 근거 없이 검정되지 않은 가설이나 가정하에 전략을 수립하는 사례가 종종 관찰되곤 한다. 오늘날 기업의 경영성과는 기업을 둘러싸고 있는 여건의 불확실성하에서 얼마나 올바른 의사결정을 하는가에 달려 있다고 할 수 있다. 그런데 데이터, 정보 그리고 이를 분석하여 얻게 되는 인텔리전스는 기업이 당면하고 있는 불확실성과 리스크를 줄여 기업이 처해 있는 상황에서 사후적으로 나타날 결과를 예상할 수 있게 도와줌으로써 최적의 의사결정이 가능하게 해 준다. 따라서 기업이 어떠한 인텔리전스를 가지고 있느냐에 따라 의사결정이 달라질 수 있고 이에 따라 경영성과가 달라지게 되므로, 기업이 가지고 있는 인텔리전스가 경영성과에 얼마나 중요한 영향을 미치는지를 알 수 있다. 앞에서 언급한 것과 같이, 전략을 수립한다는 것은 기업이 접하고 있는 내부적/외부적 요인들을 분석하여 이 요인들과 설정된 목표 간에 최적의 결합을 찾아내 목표 달성의 가능성을 극대화하는 것이라고 할 수 있다. 따라서 기업의 내부적/외부적 요인들에 대해 분석하고 이에 대한 인텔리전스를 도출해 내는 작업

---

11) 인텔리전스(Intelligence)란 단순한 정보(Information)와는 달리 목적에 맞게 필요에 따라 처리된 정보(Processed Information)를 의미하기도 하지만 동시에 정보/지식/경험/이해/추리 등을 이용하는 능력(The ability to use memory, knowledge, experience, understanding, reasoning, imagination, and judgment in order to solve problems and adapt to new situation)을 의미하기도 한다.

은 전략수립에 있어서 필수적으로 수행되어야 할 것이라고 하겠다.

이 책에서 제안하는 CRM 마케팅 플랜의 시각에서, 기업이 가지고 있는 이러한 인텔리전스를 여기서는 CRM 인텔리전스라 부르고 다음과 같이 정의하고자 한다.

> CRM 인텔리전스CRM Intelligence란 기업이 추구하는 목표를 달성하는 데 당면하게 되는 불확실성과 리스크를 줄이기 위해 이용 가능한 모든 데이터와 정보를 수집, 통합, 분석 그리고 해석하여 얻게 되는 정보의 산물과 이를 적절히 활용할 수 있는 역량으로 CRM 마케팅 플랜에서 없어서는 안 될 중요한 요건이다.

앞에서 CRM 인텔리전스에 대해 논의했듯이, 전략수립과 수립된 전략하에 구축되는 마케팅 믹스를 위해 중요한 기본 인풋이 되는 것이 바로 고객정보다. 앞에서도 여러 차례 정보, 특히 고객정보의 중요성을 강조했지만, 오늘날의 기업들이 추구해야 하는 고객중심적 경영에 필수불가결한 것이 바로 이러한 정보라고 할 수 있다. 과학적인 또는 계량적인 기법으로 데이터를 처리하여 얻은 고객정보에 기반하여 의사결정을 하면, 이에 수반되는 리스크Risk를 극소화할 수 있어 추구하는 목표를 달성할 가능성이 높아지게 될 것이다. 이것이 바로 CRM 경영방식이 추구하는 정보에 기반한 과학적 경영방식이라 할 수 있다. 이 책에서 제시하는 CRM 마케팅 역시 효과적으로 수행되기 위해서는 무엇보다도 고객의 니즈를 포함한 고객에 대한 정보가 필수적이다. 이러한 고객정보를 얻는 데 시장조사Market Research의 다양한 조사기법을 활용하고 있다. 고객에게 개인 면접조사Personal Interview 형식으로 고객의 개인 속성, 라이프 스타일Life Style, 라이프 스테이지Life Stage, 취미활동, 관심사, 여가활동, 미디어 선호, 컴퓨터/인터넷 사용 정도 등에 대한 데이터를 직접 수집할 수 있다. 상품 선호도, 상품 인지도, 상품과의 감성연결Emotional Connection, 구매의향, 구매행태/패턴, 가격 수용도/민감도, 이용행태에 대한 자발적 설명, 만족도, 추천의향, 재구매의향 등은 서베이 형태로 적절한 데이터를 얻을 수 있다. 실제 구매가격 또는 실제 구매행태 등에 대해서는 실제 거래 데이터Transaction Data를 이용하여 정보를 얻을 수 있다. 구매 후 실제 사용행태에 대해서는 고객의 실제 사용패턴을 카메라 등을 통해 관찰 데이터Observation Data를 수집하여 분석함으로써 적절한 정보를 얻을 수 있다. 그리고 온라인 행태 등에 대해서는 웹 또는 온라인 데이터/클릭스트림 데이터Web or Online Data/Clickstream Data를 수집하여 계량적 분석을 통해 고객에 대한 이해와 지식을 얻을 수 있다. 이메일 채널을 통해 얻게 되는 문자 데이터Text Data, 콜센터를 통해 얻는 통화 데이터Call Data, 그리고 산업관련 2차 정보Industry Secondary Data 등의 다양한 데이터와 정보들이 다방면으로 수집되어야만 유용한 CRM 인텔리전스가 구축될 수 있다. 왜곡되지 않은 올바른 데이터와 정보가 많으면 많을수록 그만큼 불확실성이나 리스크를 줄여 줄 수 있다. 그런데 이러한 정보 수집과 분석은 언제나 순차적으로 이루어지는 것은 아니고, 동시에 수행될 수도 있고 일정기간에 걸쳐서 진행되는 것들도 있다는 것을 염두에 두고 필요한 데이터/정보 수집과 분석에 대한 준비를 사전에 계획해야 할 것이다. CRM은 이렇게 다양한 고객 데이터를 활용하여 고객에 대한 입체적인 이해를 바탕으로 고객의 니즈를 충족시킬 수 있는 CRM 마케팅 플랜을 수립하고자 하므로 거래 데이터를 비롯하여 가용할 수 있는 모든 데이터를 최대한 이용하는 것이 CRM이 다른 경영방식과 구분되는 또 하나의 차이점이라 하겠다.

CRM 인텔리전스

CRM Intelligence

- 정보 수집/통합/분석 역량
- 해석된 정보의 산출물
- 정보활용 역량

→ 추구하는 목표 달성의 불확실성 및 리스크 최소화

Input Data

- 면접조사 – 개인 속성, 라이프 스타일, 라이프 스테이지, 취미, 관심사 등
- 서베이 – 상품 선호도, 상품 인지도, 구매/재구매 의향 등
- 실제 거래 데이터 – 구매가격, 구매행태
- 관찰 데이터 – 구매 후 행태
- 웹/온라인 데이터 및 클릭스트림 데이터 – 온라인 행태
- 이메일 문자 데이터, 콜센터 통화 데이터, 산업관련 2차 정보 등

→

- 가용한 모든 데이터를 최대한 이용해 고객의 입체적인 이해를 바탕으로 니즈 파악

(3) 전략수립 프로세스

이 절에서는 기업의 내외부적 요인에 대한 다양한 분석을 통해 도출된 CRM 인텔리전스를 바탕으로 하여 CRM 마케팅 플랜의 핵심 요소가 되는 전략수립의 프로세스에 대해 논의를 해보고자 한다. 앞에서 가시화해 본 전략수립을 위한 프레임워크로 돌아가 생각해 보면, 전략수립이란 설정된 목

표와 기업이 가지고 있는 비전, 자원 그리고 역량을 포함하여 기업이 내부적으로 가지고 있는 모든 것 사이에 어떠한 결합이 최적일 것인가를 찾아내는 과정이라고 할 수 있다. 따라서 여러 가지 전략들이 가능하다란 말은 주어진 목표를 달성하기 위해 기업이 이용 가능한 전략의 선택안 또는 대체안 Strategy Option 들이 여러 가지라는 것을 의미한다. 그러므로 전략을 수립한다는 것은 이러한 이용 가능한 전략 대체안 중에서 최적의 대체안을 선택하는 의사결정 과정이다. 결국, 전략수립이란 다름 아닌 의사결정 프로세스라고 할 수 있다. 아래 그림에서 전략이 수립되는 프로세스에서 의사결정이 요구되는 항목들과 의사결정 체계를 보여주고 있다. 이 그림과 관련하여 좀 더 구체적으로 전략수립 프로세스Strategy Formulation Process를 살펴보도록 하자.

전략수립을 위한 의사결정 체계

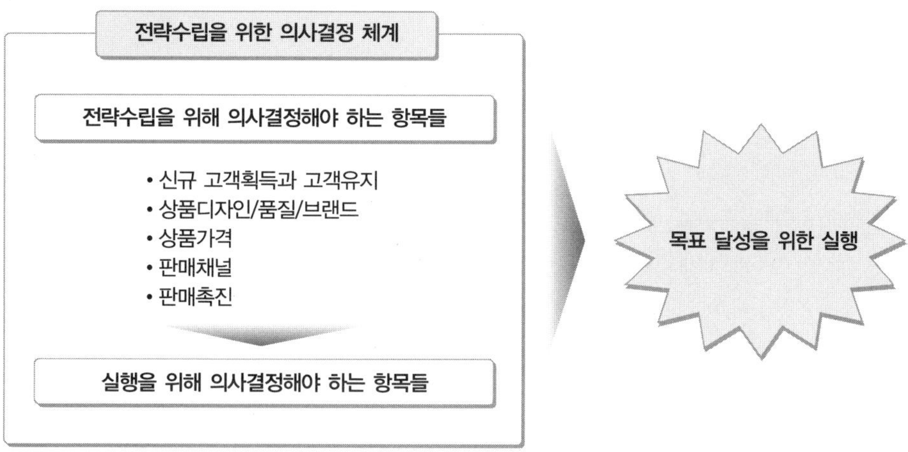

현재 수립하고 있는 CRM 마케팅 플랜을 위한 전략수립 프로세스에서는 다음과 같은 3가지 단계를 거쳐 전략이 수립된다.

전략수립 프로세스

	❶ 핵심 전략요소 도출	❷ 전략대체안 탐색	❸ 실행전략안 선택
주요 활동	• 전략요소 탐색 - 목표 달성에 직접적으로 필요한 의사결정 항목 • 우선순위 설정 및 평가 - 기대효과/실행 용이성 혹은 비용 등의 기준으로 평가	• 가능한 모든 전략대체안 도출 - 각각의 핵심 전략요소에 대한 최적의 전략구상 - 기업의 일관성 있는 행동경로 및 방향성을 고려하여 구체화	• 최적 전략대체안 선택 - 기업의 역량/자원 등 내부적 요소 및 고객/경쟁사 등 외부적 요소를 감안해 비교분석 - 다수의 전략대체안 선택 가능
주요 산출물	• 핵심 전략요소 (Core Strategy Factor) 목록	• 전략행렬표 (Strategy Matrix)	• 실행전략안

전략수립 프로세스

i) 설정된 목표를 달성하는 데 직접적으로 중요한 역할을 하며 최적의 전략을 선택하기 위한 의사결정을 해야 하는 항목인 전략요소Strategy Factor들을 최대한 도출한다. 기대효과Expected Impact나 실행의 용이성/비용Ease/Cost of Implementation 등의 몇 가지 주요 기준Key Criteria들을 세워, 이 기준들로 도출한 전략요소들의 우선순위를 설정한다. 이렇게 우선순위화된 전략요소들 중에 목표 달성을 위해 반드시 필요하고 실행 면에서 적정한 핵심 전략요소Core Strategy Factor들을 선택한다.

ii) 선택된 핵심 전략요소들에 대해 가능성 있는 전략대체안Strategy Option들을 찾아낸다. 전략은 기업의 일관성 있는 행동경로 또는 실행활동의 일관된 방향 등의 형태로 구체화되어야 한다. 그러므로 전략 선택의 대상이 되는 대체안들을 찾아내어 전략행렬표Strategy Matrix를 만든다.

iii) 각각의 핵심 전략요소에 대한 최적의 전략을 선택하기 위해 찾아낸 전략대체안들을 기업의 역량/자원(여기서 언급하는 역량/자원은 반드시 현재 보유하고 있는 것만을 의미하는 것이 아니라, 잠재적으로 가용할 수 있거나 또는 기업이 중점적으로 키워나가고자 하는 역량/자원 등을 포함한다.) 등의 내부적 요소들과 고객/경쟁사/여타 외부 환경 등과 같은 외부적 요소에 비추어 어떤 전략을 선택하는 것이 목표를 달성하는 데 최적이 될 수 있는지를 비교 분석하여 최적의 전략대체안을 선택하는 의사결정을 하게 된다(여기서 고려해야 하는 것은 선택의 대상이 되는 전략들이 서로 상충되지 않고 오히려 보완적이 될 수 있고, 기업이 가지고 있는 자원과 역량의 지원이 가능한 범위 내에서라면 하나의 핵심 요소에 대해 다수의 전략이 선택될 수도 있을 것이다.).

이제 위에서 서술한 전략수립 프로세스에 맞추어 CRM 마케팅 플랜을 위한 전략수립의 예를 들어 보자. 위의 설명에 따라, 예를 들어 매출이라는 경제적 지표로 특정 수준의 매출을 목표로 설정했다고 가정하고 위에서 제시된 전략수립을 위해 거치는 3가지 단계를 생각해 보자.

i) 매출이라는 지표로 목표가 결정되었다면, 이에 직접적인 영향을 줄 수 있는 요소를 정보와 지식 그리고 고객의 소리에 의거하여 분석한 후, 다음과 같은 변수들을 도출했다.

- 상품디자인, 상품품질, 브랜드, 패키징Packaging
- 구매관련 서비스, 구매 후 서비스After-sales Service
- 상품가격
- 판매채널 종류, 채널 수, 영업인력 규모
- 판촉비용, 광고비용
- 신규 고객 수, 재구매 고객 수, 이탈 고객 수, 반복 구매율

위에서 밝혀낸 관련 요소들을 실행의 용이성, 실행비용, 기대효과 그리고 다른 요소들과의 시너지 등의 기준으로 평가하여 목표 달성에 가장 큰 영향을 줄 핵심 전략요소Core Strategy Factor를 다음과 같이 선정했다.

- 상품품질(불량률의 관점에서 측정)
- 상품가격
- 판매채널 수
- 판촉비용
- 신규 고객 수와 이탈 고객 수

ii) 다음에는 위에서 선정된 개별 핵심 요소에 대해 어떤 전략을 택할 것인가에 대한 답변들을 찾아야 하므로, 개별 핵심 요소에 대한 대체적 전

략Alternative Strategy들을 밝혀내야 한다. 선택의 대상이 될 수 있는 다양한 대체적 전략안들을 찾아내어 다음과 같은 전략행렬표Strategy Matrix를 만든다.

전략행렬표(예시)

	상 품	가 격	판매채널	판매촉진	고객획득	고객유지
전략안 1	• 고품질 상품전략	• 고가전략	• 오프라인 판매채널 확대전략	• 마케팅 캠페인을 통한 판매 확대전략	• 구전을 통한 신규 고객획득	• 우량고객 집중관리 전략
전략안 2	• 기본품질 전략	• 시장경쟁 가격 유지 전략	• 온라인/오프라인 채널 병행전략	• 매스마케팅 광고전략	• 모든 채널을 통한 고객 획득전략	• 이탈 가능성 높은 고객 집중관리전략
전략안 3		• 가치에 기반한 가격전략[12)]	• 온라인 판매채널 확대전략	• 온라인 중심의 판매촉진 전략	• 저비용 채널을 통한 고객획득 전략	• 비용대비 고객유지 극대화전략

iii) 앞 단계에서 예시를 목적으로 도출한 전략행렬표를 보면, 목표 달성에 직접적인 영향을 주는 핵심 요소들에 대해 선택의 대상이 되는 전략안들을 볼 수 있다. 선택의 대상이 되는 전략안의 수는 개별 핵심 요소에 따라 달라질 수 있고, 극단적인 경우에는 한 가지 전략안만이 이용 가

12) 가치에 기반한 가격전략(Value-based Pricing)이란 구매자들이 상품에 대해 인식하는 가치를 그들이 기꺼이 지불하고자 하는 가격수준에 대한 정보를 도출하고 이에 기반하여 가격을 책정하는 전략을 말하는데 이는 공급자의 정보에 기반하여 가격을 책정하는 기존의 Cost-based Pricing 전략과는 대조된다. 이에 대한 상세한 예는 Appendix를 참조하기 바란다.

능하여 선택의 여지가 없을 수도 있다. 전략수립의 마지막 단계에서 진행될 것은 전략행렬표에 열거된 개별 핵심 요소에 대한 전략안들을 기업이 가지고 있는 역량/자원 등의 내부 요인에 비추어, 어떤 전략안이 목적 달성을 위해 기업에게 최적의 전략이 될 것인지를 심도 있게 분석하여 전략안을 선택하는 의사결정을 해야 한다. 위에 예시된 전략 행렬표와 관련하여 전략안 분석을 통해 다음과 같이 최종적인 전략선택을 통해 나온 전략수립의 결과를 다음 그림에서 정리해 보았다.

전략선택의 의사결정을 통해 얻은 전략수립 결과(예시)

	상 품	가 격	판매채널	판매촉진	고객획득	고객유지
전략안 1	• 고품질 상품전략	• 고가전략	• 오프라인 판매채널 확대전략	• 마케팅 캠페인을 통한 판매 확대전략	• 구전을 통한 신규 고객획득	• 우량고객 집중관리 전략
전략안 2	• 기본품질 전략	• 시장경쟁 가격 유지 전략	• 온라인/오프라인 채널 병행전략	• 매스마케팅 광고전략	• 모든 채널을 통한 고객 획득전략	• 이탈 가능성 높은 고객 집중관리전략
전략안 3		• 가치에 기반한 가격전략	• 온라인 판매채널 확대전략	• 온라인 중심의 판매촉진 전략	• 저비용 채널을 통한 고객획득 전략	• 비용대비 고객유지 극대화전략

여기서 수립된 전략을 보면 처음 네 가지 전략 즉 상품전략, 가격전략, 채널전략 그리고 판매촉진전략은 마케팅 전략Marketing Strategy의 범주에 속하는 전략인 반면, 나머지 두 가지 전략인 고객획득전략과 고객유지전략은 고객전략Customer Strategy에 속한다. 이렇게 기존의 마케팅 플랜이 간과해

온 것과는 달리, 이 책에서 제시하는 **CRM 마케팅 플랜에서는 명시적으로** 고객에 대한 전략적 의사결정과 실행**을 위한 활동들을 제시하여** 실질적인 고객중심적 마케팅 활동을 제안하고 **있다**.

실제 비즈니스 적용 사례 : 전략수립(고객전략과 마케팅 전략)

H사는 각 세그먼트별 '05년 매출목표를 도출하였고 이에 따른 총 매출목표는 US $150,000로 정해졌다. 이제 정해진 목표를 달성하기 위해 어떤 활동을 해야 하는지, 즉 어떤 전략으로 목표에 도달할 수 있는지를 모색할 필요가 있었다. 이는 지금까지 파악된 외부환경과 H사의 비전이나 상위전략, 인력과 자원에 최적화된 구체적인 활동이어야 했다. 이렇게 실행 가능한 전략을 수립하기 위해서 H사는 CRM 인텔리전스Intelligence를 통해 가능한 모든 정보를 동원하여, 사실과 기반에 근거하여 핵심 전략요소들을 도출하고, 전략대체안을 개발했다.

(1) 전략수립을 위한 CRM 인텔리전스Intelligence

자사의 내부적 여건을 보면 Light Valve Technology를 기반으로 한 프로젝터는 생산비용이 높으므로 고가제품의 프로젝터를 생산하여 공급하는 제한적인 시장접근만이 가능했다. 가격이 US $25,000~$35,000 수준에서의 차세대 상품개발과 출시가 시급하고, 새로운 시장세그먼트의 개척을 위해 유통채널이 되는 딜러 네트워크Dealer Network 구축이 급선무로 판단되었다.

외부적인 여건을 보면, 현존하는 주요 프로젝션 기술 중에서 가까운 미래에 지배적인 시장점유율을 차지할 기술은 LCD Panel로 예상되며, 반면

Light Valve 기술은 프로젝터의 제품이 비싸고, 이용자의 편리성에서 취약하고, Light Valve 기술에 대한 인지도가 현저히 낮아 광고와 홍보가 필요한 것으로 나타났다.

최종 구매자 End-user**의 니즈**Needs **:**

- 개선된 화상의 품질Brightness, Contrast, Resolution
- 적정한 가격(US $25,000~$35,000 이하 수준)
- 사용자의 편의성User Friendliness
- 프로젝터의 내구성(높은 MTBF : Mean Time Between Failures)
- 운반 용이(작고 가벼운 상품)
- 인지된 브랜드
- 서비스와 기술 지원
- 유지 용이
- 상품보증Warranty

자사와 자사상품에 대한 인식 :

- 믿을 만한 회사 상품
- 화질이 밝은 상품
- 고화상도 상품
- 전반적으로 화면의 질이 좋은 상품
- 자사의 상품은 프로젝터 상품에 있어서 캐딜락Cadillac
- 비싼 상품
- 부피가 크고 설치가 용이하지 않은 상품

구매자End-user의 구매의사결정 인자들 : 가격, 이미지 품질Brightness, contrast, and resolution, 시스템의 신축성, 상품의 내구성, 설치와 유지 용이, 사용자 편리성, 서비스와 기술 지원, 상품보증

타깃구매자End-user들 : 정보와 데이터를 대규모로 전파해야 하는 필요를 가지고 있는 일반 소비자 또는 법인들이 주요 구매자가 되는 시장으로, 현재 주가 되는 타깃시장세그먼트Target Market Segment들은 다음과 같다.

- 프로젝터 임대시장세그먼트, Scoreboard를 사용하는 시장세그먼트, 오디토리움Auditoria, Board/Conference Room을 가지고 있는 법인, 상용극장들, 군시설, 산업디자인, 광고, 영화기획사

타깃구매자End-user들이 가장 선호하는 속성으로 구성된 최적 상품 :

- 화상도(Resolution, 2000×2000 Pixels)
- 화면밝기(Brightness, 3000+ Lumens)
- US $35,000의 가격
- 브랜드(Brand Name: Hughes-JVC)
- Horizontal Scan Frequency(15-135)
- Display Type(Light Valve)
- Weight < 150 lbs.
- Contrast(300 : 1)

위의 결과를 컨조인트Conjoint 분석을 통해 얻었고, 시장조사에 의하면 위에서 제시된 상품디자인의 프로젝터 상품이 출시된다면 타깃구매자Enduser들의 6%가 구매를 하겠다는 강한 의향을 나타냈다.

(2) 수립된 전략

현행 마케팅의 점검 Marketing Review

- 상품 : 자사의 최상급 고가 프로젝터 모델(S300)로, 현 타깃시장세그먼트는 시장 잠재력이 크지도 않고 성공 가능성도 높지 않은 것이 문제점으로 파악되어, 자사의 차세대 상품모델은 중저가의 제품으로 변화가 필요함.
- 가격 : 이 프로젝터 시장에서의 경쟁상품 가격은 보통 US $25,000~$35,000 수준으로 파악되고 적절한 Dealer Pricing이 구축되어야 하는데, 제조비용과 여타 마케팅 비용으로 인해 가격을 경쟁적인 수준으로 인하하기가 어려운 것이 현재 큰 문제임.

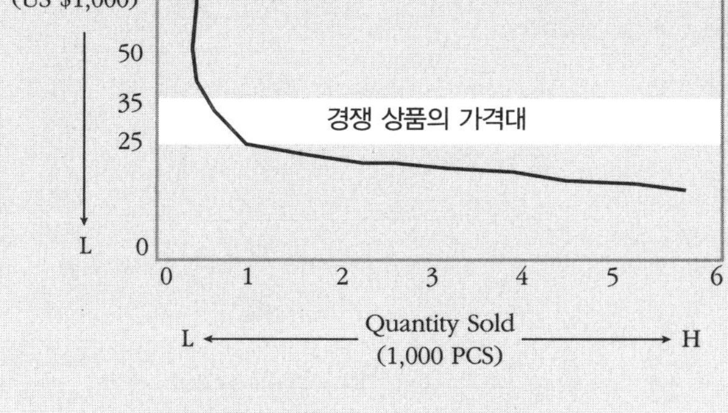

- 판매촉진과 커뮤니케이션 : 자사의 상품들에 대한 전반적인 가치나 품질을 고객들이 인지하지 못하고 있는 것으로 파악되므로 더 많은 상품시현이 고객들에게 자사의 품질에 대한 확신을 주기 위해 필요함. 또한 자사는 고객들이 사용하는 정보의 원천에 대한 이해를 높여야 함.
- 유통 : 고객이 상품을 어떠한 방법으로라도 구매할 수 있다면 유통채널이 치명적으로 중요한 요소는 아닌 것으로 파악됨. 현재 자사의 주된 마케팅 채널인 다이렉트 마케팅Personal Selling과 딜러 네트워크를 이용한 간접채널을 활용
- 영업실적 제고를 위해 매출의 면밀한 추적과 분석이 필요 :
  - 수요측면에서 예측된 매출 Quota를 책정
  - 판매 가능성 있는 고객 데이터베이스 시스템 구축이 필요
  - 매주 금요일 오전 모든 지점의 영업사원들과의 Conference Calls를 통해 매출에 대한 논의
  - 주단위/월단위 Staff Meetings
  - 시장/사업개척을 위한 장기이정표 마련
  - 월요일 오전 선적상황 확인을 위한 회의(주문과 고객의 신용판매 상황)
  - 분기별 판매회의를 전 판매거점을 방문하면서 실시

RSM Regional Sales Manager, 딜러Dealer 그 밖의 거래선과 지속적인 접촉이 필요

자사의 핵심역량, 자원, 기술, 영업 인프라스트럭처 등을 감안하여 취할

수 있는 여러 가지 전략 대체안 중에 최적이 되는 전략을 다음과 같이 수립하였다.

마케팅 전략

- 전반적으로 타깃시장세그먼트 지향적으로 다양한 간접 유통채널Multi-channel을 활용하고, 자사의 전유적인 LV 기술에 기반한 높은 품질의 상품으로 시장을 공략하고자 한다.
- 상품전략 : LV 기술기반의 고화질 상품전략
- 가격전략 : 상품생산비의 감소로 Mid-range 가격대(US $25,000~ $35,000 정도)를 유지. 고객의 가격민감도는 US $30,000~$35,000 사이에서 거의 변화가 없으므로 US $35,000로 책정. 여기서 앞에서 본 거래 데이터를 통해 도출한 수요곡선에서 보여주는 가격민감도 모습이 서베이 데이터에 기반하여 컨조인트Conjoint 분석이 밝혀낸 가격민감도와 일관성이 있음을 알 수 있다.
- 채널전략 : 다이렉트 마케팅Personal Selling을 이용한 직접채널과 확장

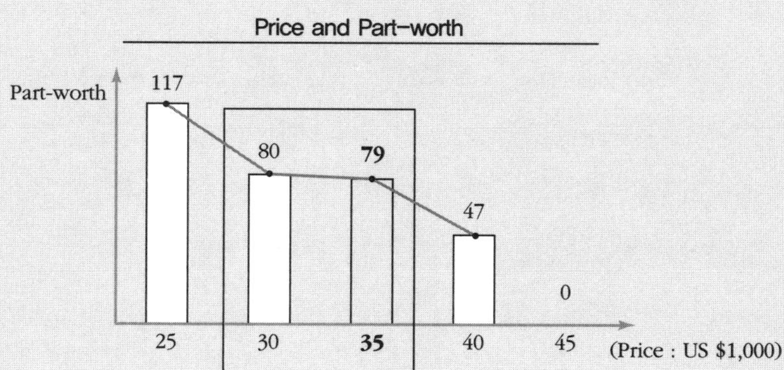

된 딜러 네트워크Dealer Network를 이용한 간접채널을 동시에 활용하여 판매실행

– 판매촉진전략 : (End-user보다는) 딜러 네트워크에 대한 판매촉진 집중

– 고객전략 :

• 고객획득전략 : 초기 리베이트Rebate 제공과 기술지원Technical Support을 통해 고객획득을 극대화하는 전략

• 고객유지전략 : 주기적인 고객End-user 접촉과 신속한 기술지원으로 고객의 재구매 유도를 중심으로 한 고객유지전략

H사는 CRM 인텔리전스를 바탕으로 사실과 근거에 기반하여 전략수립 프로세스를 수행하였고 이를 통해 타깃소비자를 선정하고 그들의 니즈를 파악한 후 자사제품 간의 갭Gap을 도출할 수 있었다. H사는 적절한 솔루션을 고민한 끝에 이러한 갭을 메울 수 있는 상품, 가격, 채널, 판촉 전략 및 고객획득과 유지전략을 수립했다. H사는 이제 도출된 전략을 실제로 수행하기 위한 실천적인 활동계획을 수립해야 했다.

실행전략(Actionable Strategy) – 정리

CRM 인텔리전스

- 면접조사, 서베이, 실제 거래 데이터, 관찰 데이터, 웹/온라인 데이터, 이메일 문자 데이터, 통화 데이터, 산업관련 2차 정보 등
- 정보의 수집/통합/분석 활동

데이터를 통한 고객의 입체적인 이해를 바탕으로 니즈 파악

전략수립 프로세스

❶ 핵심 전략요소 도출

- 전략요소 탐색 및 우선순위 설정/평가
  – 핵심 전략요소(Core Strategy Factor) 목록 도출

❷ 전략대체안 탐색

- 각각의 핵심 전략요소에 대한 가능한 모든 전략안 구상
  – 전략행렬표(Strategy Matrix) 구성

❸ 실행전략안 선택

- 기업 내부적 요소 및 외부 환경 요소를 감안 최적 전략안 선택
  – 실행전략안 도출

- 사실/정보에 기반한 구체적인 실행전략 수립
- 목표 달성을 위해 기업 내/외부 요소를 종합해 최적으로 선택한 활동들의 일관된 경로 설정

4. CRM 마케팅 믹스CRM Marketing Mix

기업이 현재 위치에 대한 이해를 바탕으로 달성하고자 하는 목표를 설정했고, 목표를 향해 나아갈 방향과 길을 제시하는 전략이 결정되었다면, 후속적인 질문은 그 정해진 전략방향하에서 실제적으로 무엇을 어떻게 하여 목표를 달성할 것인가이다. 앞에서 CRM 마케팅 플랜의 비유를 위해 언급했던 서울에서 부산까지의 여행을 다시 생각해 보자. 예를 들어, 자동차를 타고 경부고속도로를 통해 부산으로 가기로 전략방향에 대한 결정을 했다고 하자. 그러면 이제 자연스럽게 나오는 질문은 구체적으로 어디를 거쳐 무엇을 어떻게 하면서 부산으로 갈 것인가이다. 이것이 바로 최종 목적지를 향하는 방향과 길을 제시하는 전략이 수립된 후, 그 전략하에서 목표를 달성하기 위해 구체적 실행으로 옮겨야 할 CRM 마케팅 믹스인 것이다. 다시 말해, 앞에서 논의한 비즈니스 분석과 관련된 여러 가지 작업을 통해 기업의 현재 위치라는 출발점을 파악하고 수요측면에서 실제로 가능한 시장규모 예측을 통해 목표는 종착점을 설정한 후 나갈 방향과 길을 제시하는 전략이 정해졌다면, 이제 기업은 그 전략하에서 어떠한 전술적 활동을 수행해 나갈 것인가에 대한 결정을 해야 한다. 그런데 여기서 꼭 강조하고자 하는 것은 달성하려는 목표, 실행전략 그리고 CRM 마케팅 믹스 사이에는 뚜렷한 일관성과 명확한 연관성Linkages의 고리가 있어야 한다는 것이다. 어떠한 전략하에 구체적으로 무엇을 어떻게 하면 어떤 결과가 나오므로, 제시된 마케팅 믹스를 계획대로 실행에 옮기면 설정된 목표를 달성할 수 있다는 근거를 제시하여야 설득력 있는 CRM 마케팅 플랜이 되는 것이다. 또한, 이 CRM 마케팅 플랜은 수립된 전략과 실제 활동Action Item들을 실행으로 옮기는 데 요구되는 예산/자원Budget/Resources의 확보와 배분에 관한 계획은 물론 실행을 위한 구체적인 스케줄 역시 반드시 갖추어 목표 달성을 위한 면밀한 실행이 되도록 인도할 수 있어야 한다.

어떤 의미에서는 **마케팅이란 고객의 니즈**Needs**와 기업이 가지고 있는 자원**Resources**과 역량**Capabilities **사이에 최적의 결합**Best Match**을 찾아내는 조직의 기능**Function으로 볼 수 있다. 이러한 최적의 결합을 찾아내기 위해서는 우선 고객의 니즈를 정확히 밝혀내고 고객에 대한 깊은 이해가 절대적으로 필요하다. 그 다음, 밝혀낸 고객의 니즈를 충족시키기 위해서 무엇을 어떻게 할 것인가에 대한 계획된 실행안이 바로 CRM 마케팅 믹스다. 다시 말하면, 고객의 니즈를 충족시켜 설정된 목표를 달성하기 위해서는 기업이 가지고 있는 자원과 역량에 비추어 4P's Product, Price, Place, Promotion를 포함한 통제변수Controllable Variable들을 어떠한 수준으로 정하고 구체적으로 어떠한 행동을 취해 나갈 것인가가 관건이 되는데, 이에 대한 세부내용이 바로 CRM 마케팅 믹스가 되는 것이다. 이렇게 본다면 고객의 니즈를 충족시키기 위해 최적의 마케팅 믹스를 수립한다는 것은 기업이 통제 가능한 마케팅 변수와 이와 관련된 변수들의 최적값들을 찾는 의사결정 과정이다. 이같이 기업이 할 수 있는 범위 내에서 통제변수의 최적값을 찾는 의사결정 과정을 통해 효과적인 CRM 마케팅 믹스를 수립하려 할 때 주도적인 역할을 하는 것이 바로 마케팅 의사결정의 기반이 되는 CRM 인텔리전스라는 것을 다시 한 번 강조하고자 한다.

CRM 마케팅 믹스

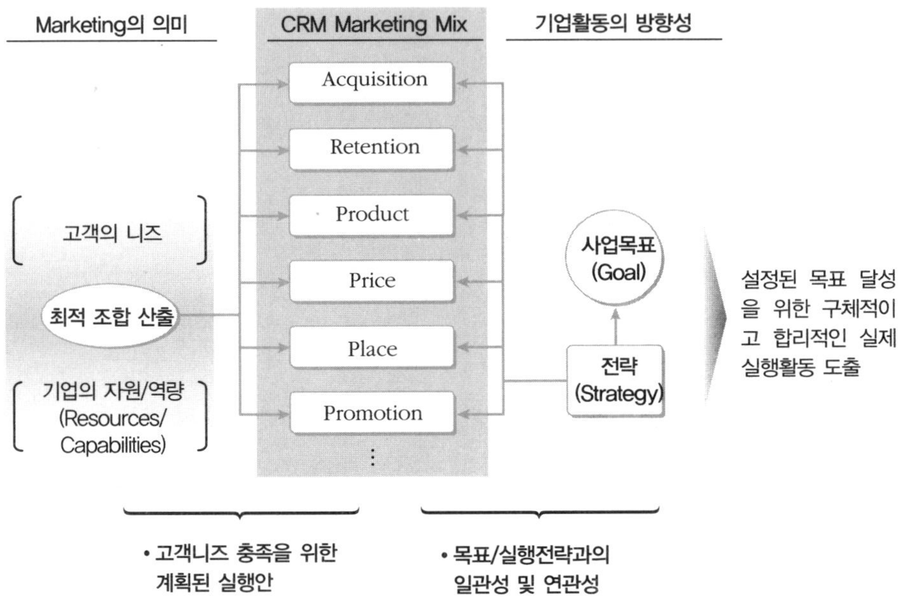

(1) 통제 가능한 마케팅 변수들에 대한 의사결정

여기서 수립하려는 CRM 마케팅 믹스를 완성하기 위해서는 크게 두 가지 작업단계를 거친다. 첫 번째 단계에서는 설정한 목표에 영향을 미칠 수 있는 변수들을 도출한다. 이 중에는 기업이 직접 통제할 수 없어 외생적으로 주어지는 변수들도 있으므로, 기업이 직접 통제할 수 있는 변수들 중심으로 찾아내야 한다. 많은 변수들을 찾아낼 수도 있지만 제한된 자원과 여타 제약하에 변수들의 영향력이라는 관점에서 상대적 중요도가 높은 변수들을 우선 선정하여 실제 행동을 취하게 될 핵심 마케팅 변수들을 중심으로 선정한다. 두 번째 단계에서는 이렇게 선정된 핵심 변수들이 취할 수 있는 값이나 수준 또는 모습/형태에 대해 어떠한 결정을 해야 목표 달성을 위한 최적의 결과를 가져올 것인가를 밝혀내야 한다. 이 두 단계 작업에 대한 예시를 위해 기업이 직접 통제할 수 있는 변수들을 도출하고 이 중에서 핵심 변수를 아래와 같이 선정했다고 하자. 여기서는 먼저 목표에 영향을 줄 수 있는 다양한 변수들을 도출한 후 개별 변수들의 직접적인 영향력 정도를 과거 경험이나 가용한 데이터를 통해 우선순위를 선정하여, 최종적으로 6개의 핵심 변수를 아래와 같이 최종 선정했다. 여기서 선정된 핵심 변수의 수는 고정된 것이 아니라 달성하려는 목표 수준은 물론 데이터의 가용성, 실제 구축하려는 모델종류, 변수들의 상대적 중요도, 그리고 실제 마케팅 총량의 필요성 등에 따라 얼마든지 달라질 수 있다.

통제 가능한 마케팅 변수 선정(예시)

구체적 행동이 취해질 변수

	고객	상품	가격	판매채널	판매촉진
통제 가능 변수 도출	▪ 신규 고객 수 ▪ 이탈 고객 수/이탈률 ▪ 재획득 고객 수	▪ 디자인 ▪ 무료 A/S ▪ 브랜드 ▪ 불량률	▪ 시장가격 ▪ 할인가격	▪ 웹기반의 온라인 채널 ▪ 오프라인 매장 수	▪ 판매촉진 횟수 ▪ 광고비용

다음은 두 번째 단계의 작업으로, 이렇게 최종 도출된 핵심 변수들이 설정된 목표에 정량적으로 어떠한 영향을 구체적으로 줄 수 있고 또한 이런 핵심 변수들의 값이나 수준을 어디에서 정해야만 목표 달성을 위해 최적의 결과를 가져올 수 있을까 하는 질문에 대한 답변을 찾아야 한다. 이 답변은 소위 마케팅 의사결정 모델Marketing Decision Model이라는 계량적 모델 구축을

통해서 찾게 되는데, 이에 대한 상세한 논의를 하나의 방법론인 회귀분석 모델의 예를 통해 살펴보고자 한다.

매출목표 달성을 위한 마케팅 의사결정 모델 구축

앞의 장에서도 논의했던 모든 만물 간에 인과관계의 원리를 매출에 적용해 보면, 매출에 영향을 주는 원인/변수들이 반드시 있고, 이로 인해 어느 특정 수준의 매출이 결과로 나타나게 될 것이다. 매출과 그 매출에 영향을 주는 변수들 간의 관계를 밝혀내고, 또 이를 이용하여 미래의 매출을 예측해 보기 위해 사용되는 것이 바로 통계적 모델Statistical Model이라고 할 수 있다. 마케팅의 관점에서 보면, 매출은 어떠한 마케팅 변수에 의해 영향을 받게 되는가 또 각각의 마케팅 변수들은 매출에 구체적으로 어떠한 영향을 주는가를 정량적으로 밝혀내는 통계적 모델이 바로 마케팅 의사결정 모델Marketing Decision Model이 된다. 여기서는 회귀 모델을 사용하여 매출에 대한 마케팅 의사결정 모델 구축 과정을 간단히 소개한다.

매출목표 달성을 위한 마케팅 의사결정 모델 구축(예시)

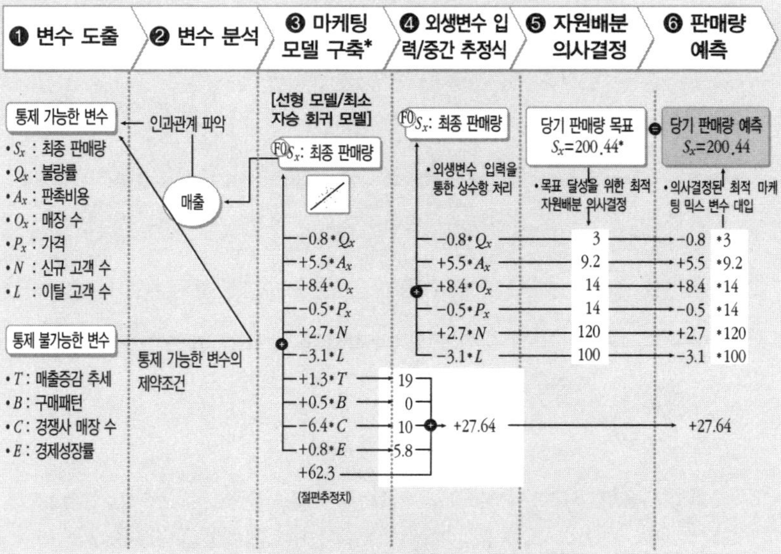

* 2. 설정된 사업목표(Established Goal)에서 목표예측을 위한 모델 구축 참조.

i) 앞에서 사용한 매출예측 모델을 여기서 다시 사용하기로 한다.

기업이 통제할 수 있는 핵심 변수들

S_x : 상품 x의 (기간)최종 판매량(단위 : 백만 개)

Q_x : 상품 x의 불량률(단위 : %)

A_x : 상품 x를 위한 판촉활동 비용(단위 : 억 원)

O_x : 상품 x를 위한 매장 수(단위 : 100개)

P_x : 상품 x의 가격(단위 : 천 원)

N : 신규 고객 수(단위 : 1,000명)

L : 이탈 고객 수(단위 : 1,000명)

기업의 매출에는 영향을 주지만, 통제할 수 없는 변수들

T : 시장 전체의 매출 증가/감소 추세

B : 구매자들의 선호/취향/규칙성 있는 구매패턴

C : 경쟁사들의 측정 가능한 실행조치(예 : 경쟁사 매장 수 증가)

E : 경제여건 변수들(예 : 경제성장률, 구매자의 소득)

ii) 일단 통제 가능한 핵심 변수들과 통제가 가능하지 않은 변수들이 구분되면, 다음과 같은 2가지 질문에 답변하는 과정을 통하여 매출을 예측하는 마케팅 모델을 구축할 수 있다.

- 매출과 선정된 핵심 마케팅 믹스 변수들Marketing Mix Variables 간에는 어떠한 정량적인 인과관계가 존재하는가?
- 통제할 수 없는 변수들은 기업이 직접 통제할 수 없으므로 제외하고, 기업이 접하고 있는 제약조건하에서 정해진 목표매출을 달성하기 위해 핵심 마케팅 믹스 변수들의 값이 어느 수준에서 결정되는 것이 최적인가?

iii) 일단 특정 함수가 선정되어 모델이 구축되면 모델을 추정해야 한다. 일관성을 위해 앞 장에서와 같이, 회귀 모델 추정방법을 이용하여 변수들의 계수추정치를 포함하여 다음과 같은 추정결과를 얻었다고 가정하자.

$$S_x = 62.3 - 0.8*Q_x + 5.5*A_x + 8.4*O_x - 0.5*P_x + 2.7*N - 3.1*L + 1.3*T + 0.5*B - 6.4*C + 0.8*E$$

이렇게 추정된 선형 회귀 모델 추정식에 앞 장에서 베이스라인 판매량을 예측할 때 T, B, C, E 변수들이 취했던 값들을 대입하여 뒤의 4개 항은 절편추정치와 함께 상수항으로 처리하고, 나머지 기업이 직접 통제가 가능한 4가지 마케팅관련 변수들에 대한 의사결정을 하게 된다. 즉, 위의 추정식을 이용하여 4가지 변수들의 값을 어느 수준에서 결정하면, 그 결과로 판매량은 얼마가 될 것인지를 예측할 수 있고 그러면 설정된 목표를 달성할 수 있는지 없는지를 판단할 수 있다. 그러므로 위의 추정식이 바로 마케팅 의사결정을 위한 모델이 되는 것이다.

iv) 앞에서 사용했던 예로 돌아가, 다음 기간 동안에 외생변수들이 T=19, 고객의 구매패턴은 동일하게 감소패턴이므로 B=0, 경쟁사들이 다음 기간에 매장을 1,000개로 늘린다는 선언을 하였기에 C=10(단위 : 100개), 그리고 다음 기간의 거시적인 경제성장률은 E=5.8로 값이 추산된다면, 이 외생변수들의 값을 대입하여 다음과 같은 중간 추정식을 얻을 수 있다.

$$
\begin{aligned}
S_x &= 62.3 - 0.8*Q_x + 5.5*A_x + 8.4*O_x - 0.5*P_x + 2.7*N - 3.1*L \\
&\quad + 1.3*T + 0.5*B - 6.4*C + 0.8*E \\
&= 62.3 - 0.8*Q_x + 5.5*A_x + 8.4*O_x - 0.5*P_x + 2.7*N - 3.1*L \\
&\quad + 1.3*(19) + 0.5*(0) - 6.4*(10) + 0.8*(5.8) \\
&= 27.64 - 0.8*Q_x + 5.5*A_x + 8.4*O_x - 0.5*P_x + 2.7*N - 3.1*L
\end{aligned}
$$

앞의 예에서와 같이, 최종 매출목표가 기업의 상황을 고려하여 공격적인 수준인 2800억 원으로 정해졌다면, 이제 마케팅 의사결정을 해야 하는 것은 핵심 변수들인 Q_x, A_x, O_x, P_x, N, L 들의 값을 어느 수준으로 정하면 기업상황에 맞는 최적의 자원배분을 가져오는 의사결정이 되며, 동시에 목표로 정해진 매출을 달성할 수 있는가라는 것이다. 위에서 도출된 판매량 추정식과 관련하여, 현시점에서 개별 마케팅 믹스 변수들의 값을 예를 들어 $Q_x = 3$(%), $A_x = 9.2$(억 원), $O_x = 14$(단위 : 100개), $P_x = 14$(천 원), $N = 120$(단위 : 1,000명), $L = 100$(단위 : 1,000명)이 기업의 여건에 맞는 시뮬레이션을 통해 최적의 조합으로 결정되었다면, 이에 대응하는 판매량 예측값은 이 값들을 대입하여 $S_x = 200.44$(백만 개)가 되므로 목표수준을 맞출 수 있게 된다.

$$S_x = 27.64 - 0.8*Q_x + 5.5*A_x + 8.4*O_x - 0.5*P_x + 2.7*N - 3.1*L$$
$$= 200.44$$

이 판매량 예측값은 추정된 모델의 통계적 유의성이 점검되어 사용되었기에 수용할 만할 정도의 작은 예측오차가 발생하므로 높은 예측력 Predictive Power을 갖게 되어, 다음 기간을 위한 신뢰할 수 있는 판매량 예측값으로 사용할 수 있게 될 것이다. 이렇게 마케팅 믹스 변수들의 값에 대한 의사결정을 하게 되면, 그 결과로 얻게 되는 판매량을 예측해 볼 수 있고, 설정된 목표가 달성 가능한지를 평가할 수 있게 된다. 여기서 기억해야 할 것은 마케팅 믹스 변수들이 다른 조합의 값을 취하더라도 목표를 달성할 수 있는 판매량 예측치가 나올 수도 있다는 것이다. 그러나 여기서 하는 마케팅 의사결정은 기업상황이나 여건에 맞는 전략적인 기준에 의해 특정 조합이 결정될 수도 있고, 자원의 최적 배분이라는 최적 기준Optimal Criterion이나 최고의 비용대비 효과(Cost-benefit분석 기준에 의하여)를 낼 수 있는 핵심 마케팅 믹스 변수값들의 조합이 선택될 수도 있을 것이다. 다만 여기서 논의한 마케팅 의사결정 모델은 데이터가 존재한다는 전제하에 시도해 볼 수 있는 회귀 모델[13]을 이용하여 예시로 제시해 본 것이다.

통제 가능한 마케팅 변수들에 대한 의사결정

핵심 마케팅 변수에 대해…

- 통제 가능한 변수 선정
  - 설정 목표에 영향을 미치는 변수 도출
  - 외생변수가 아닌 기업이 통제할 수 있는 변수 중심
- 기업이 실제 행동을 취하게 될 변수 중심으로 선정
  - 제한된 자원 및 제약하에서 상대적 중요성이 높은 변수 선정

…최적 수준을 결정함

- 핵심 변수들의 최적 수준 결정
  - 설정된 목표에 대한 정량적 기여 수준 파악
  - 목표 달성을 위한 최적 조합 탐색
- Marketing Decision Model
  - 통계적 방법론을 통해 구체적이고 정량적인 마케팅 의사결정 가능

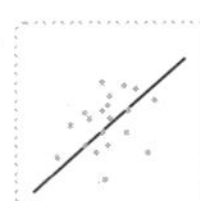

13) 계량적인 접근방법에 익숙한 독자들은 모델 내에서 변수 간의 교호작용으로 인한 효과(Interaction Effect)가 무시되어 있다고 생각할 수 있다. 간단한 모델의 예시를 위한 목적으로 했기에 모델을 복잡하게 할 수 있는 부분들은 의도적으로 생략하였다. 하지만 필자의 경험상 교호효과(Interaction Effect)는 주효과(Main Effect)에 비해 많은 경우 상대적으로 미미한 것으로 발견되었고(물론 일반화할 수는 없지만) 실제로 시장에서 경쟁사가 많고 시장점유율이 비슷하게 나누어졌을 때는 주효과에만 초점을 맞추어 모델을 구축해도 무난하지 않을까 생각한다. 물론, 비선형 모델(Nonlinear Model)이나 대체적인 통계적 모델은 얼마든지 가능하고 또는 데이터가 충분하지 않을 때는 다양하게 시뮬레이션 등을 사용할 수 있다.

(2) 실행을 위한 마케팅 믹스와 이를 위한 요건 Requirement

앞 절에서 마케팅 변수들의 효과를 계량적으로 분석하고, 목표매출을 달성할 수 있는 마케팅 믹스 변수값들의 최적 조합을 도출해 내는 과정을 살펴보았다. 이렇게 마케팅 믹스 변수들의 값이 결정되면, 그 다음 단계로 해야 하는 것은 정해진 수준에 맞게 구체적으로 실행할 활동들을 확정하고 이를 위한 준비를 하는 것이다. 따라서 여기서는 마케팅 변수에 대한 의사결정이 이루어진 후, 그 수준에 맞게 실행해야 할 내용이 포함된 마케팅 믹스를 수립해 보고자 한다. 여기서 잊지 말아야 하는 것은 앞 장에서 수립한 전략인데, 마케팅 믹스 수립은 전략과 일관성 있게 전개되어야 하므로, 먼저 앞 장의 예에 나타난 전략수립 결과를 다시 한번 살펴보도록 한다.

전략선택의 의사결정을 통해 얻은 전략수립 결과(예시)

	상 품	가 격	판매채널	판매촉진	고객획득	고객유지
전략안 1	• 고품질 상품전략	• 고가전략	• 오프라인 판매채널 확대전략	• 마케팅 캠페인을 통한 판매 확대전략	• 구전을 통한 신규 고객획득	• 우량고객 집중관리 전략
전략안 2	• 기본품질 전략	• 시장경쟁 가격 유지 전략	• 온라인/오프라인 채널 병행전략	• 매스마케팅 광고전략	• 모든 채널을 통한 고객 획득전략	• 이탈 가능성 높은 고객 집중관리전략
전략안 3		• 가치에 기반한 가격전략	• 온라인 판매채널 확대전략	• 온라인 중심의 판매촉진 전략	• 저비용 채널을 통한 고객획득 전략	• 비용대비 고객유지 극대화전략

이러한 전략하에서 앞 절에서 도출한 CRM 마케팅 믹스 변수들의 값을

Q_x = 3(%), A_x = 9.2(억 원), O_x = 14(100개), P_x = 14(천 원), N =120(1,000명), L = 100(1,000명)으로 설정하면 기업의 여건과 상황에 맞는 최적의 조합이 되는 핵심 변수들의 수준이 되고, 이로 인해 예측되는 매출은 2,004.8억 원으로 매출목표를 달성할 수 있다는 것을 보여주므로 논리적으로 일관성을 가진다. 이 모델을 통해서 보여주는 것은 CRM 마케팅 믹스 변수들과 목표 사이의 이론적인 인과관계이다. 따라서 실제로는 실행에 따라 달라질 수 있으므로 반드시 이렇게 되는 것은 아닐 수 있다. 그러나 목표 달성을 위해 무엇을 어떻게 해야 하는가라는 질문에 답하는 과정에서 찾아낸 논리적 근거와 이를 기반으로 하여 만들어진 CRM 마케팅 믹스는 실행을 인도하는 좋은 길잡이가 된다. 물론, 실행이 절대적으로 중요한 것이고, 실행시에는 예기치 못했던 일이 발생할 수도 있지만, 설정된 목표를 위해 위와 같이 논리적으로 근거가 확실한 실행안을 수립한다면 목표 달성의 가능성을 최대한 높일 수 있을 것이다. 더욱이, 이러한 CRM 마케팅 믹스를 포함한 CRM 마케팅 플랜은 유관부서뿐 아니라 전사적으로 내부 커뮤니케이션을 위해 효과적인 수단이 되어야 한다. 누가 보아도 '그래, 이렇게 하면 되겠구나! 이를 위해 우리 부서에서는 이 부분에서 이렇게 협업하면 함께 목표를 달성할 수 있겠구나!' 하는 생각과 공감을 가질 수 있도록 이론적 논리를 분명히 해야 할 것이다.

설정한 목표를 달성하기 위해 전략을 짜고, 실행의 밑그림이 되는 CRM 마케팅 믹스를 수립해야 하는데, 앞에서부터 사용해 온 예를 기반으로 가상적인 CRM 마케팅 믹스를 아래 그림에 제시해 보았다.

CRM 마케팅 믹스와 실행시 갖추어야 할 요건(예시)

	구체적 실행안	요건(Requirement)	매출에 미치는 예상효과
상 품	• 상품의 라이프 사이클상 경쟁이 심화되는 성장기이므로 차별화된 고품질 전략 실행 – 생산과정 불량률 3% 유지 및 불량품 무상 A/S로 고객만족 제고 – 상품품질과 고객만족 점검 및 고객의 피드백을 얻기 위한 서베이의 분기별 실시	• 불량률 개선을 위한 프로세스 완비 • 불량률 3% 수준에서 상품 1백만 개 이상 공급할 수 있는 생산체제 • 사내 시장조사 전담부서 신설 • CS 제고를 위한 전 직원 교육(연 1회)	• 불량률 4%에서 3%로 낮출 때 예상되는 추가 판매량 : 0.8(백만 개) −0.8*(−1)=0.8
가 격	• 시장에서 경쟁상품의 평균가인 15,000원 정도보다 낮게 14,000원으로 책정, 가격우위를 통한 매출증가 유도 • 대량구입하는 구매자에게는 통상적인 Quantity Discount(10개 이상 구입시 5% 할인) 적용	• 사내 시장조사 전담부서를 통해 고객의 가격민감도에 대한 지속적인 모니터링 • 사내 시장조사 전담부서 신설	• 가격을 15,000원에서 14,000원으로 하향할 때 예상되는 추가 판매량 : 0.5(백만 개) (−0.5)*(−1)=0.5
판매채널	• 오프라인 판매채널인 매장 수 증가 – 현재 1,200개 매장 후보지 중 중부/남부지역에 200개 신규 매장 설립 • 온라인 채널 강화 – 웹 사이트의 Personalization을 통해 교통량/방문 고객 수 증대 및 온라인 직접구매를 위한 웹과 이메일 채널의 거래기능 강화	• 선정된 후보지 신규 매장 200개 1개월 이내 설립 지원 • 웹 사이트 내의 개인화 기능과, 주문과 직거래가 가능한 기능 추가 및 이메일 채널의 인프라 구축	• 매장 수를 1,200개에서 1,400개로 늘릴 때 기대되는 추가 판매량 : 16.8(백만 개) 8.4*(2)=16.8

판매촉진	• 신규 매장 지역고객 커뮤니케이션 – 신규 매장 설립 전후 2개월 동안 DM형식으로 실행 • 매 분기 초 3주간 200,000명 타깃 신규 고객 후보자에 DM으로 15% 할인쿠폰 발송 • 웹 사이트의 교통량/방문자 수 증가를 위한 경품행사 – 방문자 이메일 주소를 기입하여 제공시 경품행사(경비예산 2000만원)을 위한 추첨권 제공	• 개별 판매촉진 전개 과정 모니터링 시스템과 결과 분석담당 인력 확보 • 웹 사이트 내 교통량/방문자 수 트랙킹(Tracking) 시스템 및 클릭스트림 데이터(Clickstream Data) 분석 툴(Tool)과 분석담당 인력확보	• 계획된 판촉활동과 판촉비용으로 예상되는 추가판매량 : 12.65(백만 개) (5.5)*(2.3)=12.65
고객획득	• 목표인 120,000명 신규 고객을 가용할 수 있는 모든 채널을 통해 유치함 – 분기별 판촉행사 : 75,000명 – 200개 신규 매장 : 40,000명 – 웹 사이트 및 이메일 : 5,000명	• 마케팅 캠페인 전담부서의 인력 보완	• 신규 고객유치를 5천 명 늘릴 때 예상되는 추가판매량 : 13.5(백만 개) (2.7)*5=13.5
고객유지	• 우량고객 유지 – 재구매 고객 중 상위 50,000명의 우량고객에게 사은품 제공 및 지속적인 커뮤니케이션 실행 • 이탈 고객 수 100,000명 수준 유지 – 이탈 가능성이 높은 고객선별 후 로열티 프로그램 개발 및 실시	• 우량고객세그먼트를 포함한 고객세그먼트 관리제도 및 시스템 구축 • 이탈 스코어링 모델 및 Updating 시스템 • 로열티 프로그램 개발/운영 전담부서 구축	• 고객이탈을 5천 명 감소시킬 때 예상되는 추가판매량 : 15.5(백만 개) (−3.1)*(−5)=15.5
		예상되는 추가 판매량	59.75(백만 개)

위의 그림은 CRM 마케팅 믹스 변수별로 무엇을 어떻게 해야 되는지를 보여주고 있다. 그런데 기업에서 하는 모든 실행이 그렇듯이 이러한 실행이 잘

되기 위해서는 갖추어야 할 요건Requirement들이 있다. 위에서 제시한 실행안들은 그냥 행동으로 옮기면 저절로 되는 것이 아니라, 실행을 뒷받침해 줄 수 있는 조직, 프로세스, 또는 인프라스트럭처 등이 사전에 잘 갖추어져야만 기대했던 효과를 가져올 수 있다. 이러한 요건들이 얼마나 잘 갖추어져 있느냐에 따라, 동일한 실행안을 수행해도 실행은 달라지고 따라서 성과도 다를 것이므로 이런 요건구축이 바로 경쟁우위를 가능하게 하는 것이다. 위의 그림에서 보듯 CRM 마케팅 믹스 변수별로 취해지는 활동들로부터 기대되는 효과, 즉 개별 활동들이 목표매출에 미치는 예상효과를 정리해 보았다. 이러한 예상효과를 가능하게 하는 것이 바로 앞에서 구축한 계량적 마케팅 의사결정 모델이다. 또한 아래의 그림에서는 CRM 마케팅 믹스 변수에 대한 구체적 실행계획과 실행을 위한 요건, 그리고 실행이 가져올 것으로 예상되는

실행을 위한 마케팅 믹스와 이를 위한 요건

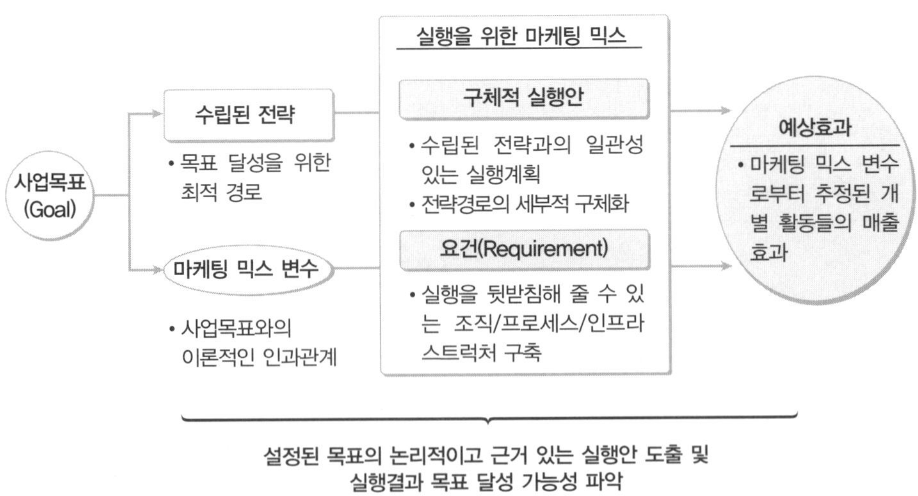

매출효과를 나타내 주어 설정된 목표의 달성 가능성을 보여주고 있다고 하겠다.

(3) CRM 마케팅 믹스 실행을 위한 예산과 예측되는 재무성과

앞 절에서는 실행을 위한 CRM 마케팅 믹스를 수립해 보았고, 이를 실행하는 데 갖추어야 할 요건들도 함께 정리해 보았다. 그런데 이렇게 수립된 CRM 마케팅 믹스를 실행하기 전에 꼭 점검해 보아야 하는 것이 있는데 이는 CRM 마케팅 믹스의 실행예산과 실행 후 예상되는 재무성과이다. 기업에서 어떠한 실행을 하든 활동에는 반드시 목적이 있어야 하고 동시에 실행하려는 활동을 위한 자원이 요구된다. 따라서 위에서 예시된 CRM 마케팅 믹스의 실행예산은 어떻게 되고 사후적으로 나타날 재무적 성과를 예상해 봄으로써 CRM 마케팅 믹스가 적절한지를 평가해 보아야 한다. 또한 어떤 가정 또는 여건하에 위의 CRM 마케팅 믹스가 수립되었는지도 명확하게 정리해 보고, 실행과정에서 가정했던 여건이 실제상황과 절충될 수 없을 때를 대비한 차선책을 미리 고려해 보는 것도 필요하다.

i) CRM 마케팅 믹스를 위한 실행예산

위에서 수립한 마케팅 믹스를 실행하는 데 소요되는 예산을 직접비/변동비 중심으로 정리해 보아 실행에 필요한 예산이 얼마나 되는지, 또 어떻게 조달할 것인지를 계획하여 면밀히 준비해야 할 것이다. 아래에 제시된 표는 수립된 CRM 마케팅 믹스를 실행하는 데 요구되는 자원을 예산형태로 정리해 본 예이다.

수립된 CRM 마케팅 믹스를 위한 실행예산(예시)

	요건(Requirement)	소요비용
상 품	• 분기별 상품품질과 고객만족 서베이	• 연간 0.6억 원 –1,000명 대상 Telephone Survey –분기당 0.15억 원
판매채널	• 200개 신규 매장	• 180억 원 –매장당 0.9억 원
	• 웹 사이트 Personalization 및 이메일 기능과 분석도구	• 0.6억 원 –웹 사이트 기능 설치 및 분석도구 구입
판매촉진	• 신규 매장 지역 타깃고객 DM 실행	• 20억 원 –매장당 1,000만 원
	• 분기별 매장/웹 사이트 판매촉진 행사	• 240억 원 –반기당 0.1억 원/매장*1,200개 매장
	• 웹 사이트 교통량 및 방문자 수 증가를 위한 경품행사	• 1.0억 원 –3개월치 추첨권 발행 및 경품비용
고객유지	• 재구매 우량고객 사은품 제공	• 2.5억 원 –인당 5천 원*5만 명
	• 고객 이탈 방지를 위한 로열티 프로그램 개발 및 실시 –상반기 개발/하반기 실시	• 1.5억 원 –로열티 프로그램 개발 비용 (실행비용 차후 별도책정 요)
	총 소요비용	446억 원

ii) **재무계획**Financial Plan : **손익모델**Profit and Loss Model

이 책에서 예시된 CRM 마케팅 플랜은 특정 수준의 매출을 목표로 정했다. 그런데 기업이 궁극적으로 추구하는 것 중에 하나는 영업이익Profit이란 지표이다. 그러므로 기업이 실행 전에 반드시 검토해 보아야 하는 것은 이 CRM 마케팅 플랜에서 설정된 매출목표를 달성했을 때 얻게 되는 이익은 어느 정도 될 것인가이다. 따라서 CRM 마케팅 플랜의 재무분석을 통해 수익성 모델을 검토해 보는 것은 꼭 필요한 부분이다. 재무분석을 통해 결과를 예상해 볼 때는 업종과 마케팅 활동 형태에 따라 그 방법이 달라질 수 있다. 그러나 여기에서는 단순한 재무분석을 예시하기 위해 단순매출, 상품판매와 관련된 직접 마케팅 비용, 그리고 직접 마케팅 비용을 제외한 총 마진 Gross Margin으로 간단히 분류하는 보편적인 접근방법을 사용한다. 우선 여기서 예로 사용하고 있는 가상적인 업종하에서 제시된 CRM 마케팅 플랜을 통해 얻게 되는 재무 결과를 예측하는 데 필요한 제반 가정들을 먼저 정리해 보도록 한다.

- 예시된 CRM 마케팅 플랜은 기존 상품의 새로운 플래닝 사이클을 위한 것으로 실행기간은 1년을 단위기간으로 한다.
- 현재 접하고 있는 외부 여건(외부 경제상황, 자재 공급과 공급가격, 법적 규제 등 마케팅 활동에 직접적인 영향을 미치는 외부 요소들)들은 플래닝 사이클 동안 외생적으로 주어진 수준에서 안정적이며, 경쟁사의 반응은 예상 가능하여 마케팅 플랜에 반영된다.
- 설정된 목표를 달성하기 위해 필요한 서비스, IT 등의 지원은 원활히 제공되며 추가적으로 요구되는 특정 시스템 요건은 없다.
- 마케팅 캠페인을 통해 얻는 반응률은 과거 마케팅 캠페인의 평균 반응률인 4.2%로 가정한다.

위에서 정리된 제반 가정하에 다음과 같이 재무분석을 통해 이익을 예측해 볼 수 있다.

재무분석을 통한 이익 결과예측(예시)

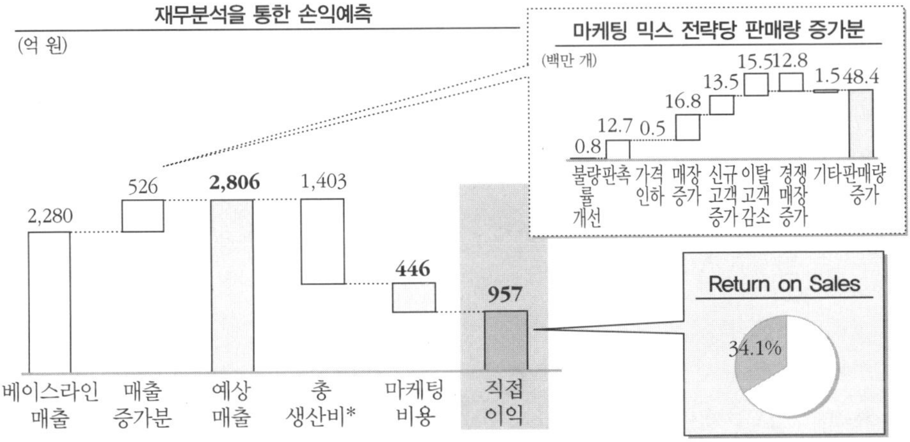

*매출의 50%로 가정.

위에서 설정한 제반 가정이 실행과정에서는 실제와 달라질 수 있으므로, 핵심 가정이 충족되지 않았을 때 당면하게 될 결과에 대해서도 다양한 시뮬레이션을 시행하여 차선책Contingency Plan or Backup Plan을 마련하는 것도 필요하다. 예를 들어, 경제성장률이 가정한 수준 밑으로 떨어진다면 어떠한 재무적 결과가 나오는지 또는 다이렉트 마케팅 캠페인Direct Marketing Campaign의 실제 반응률이 과거에 실행했던 마케팅 캠페인들의 평균 반응률로 가정했던 것보다 낮게 나올 경우에는 매출과 이익에 어떠한 변화를 가져올 수 있는지에 대한 What-if 시나리오를 만들어 준비해야 한다. 위의 예에서와 같이 한 가지 예측이 제시해 주는 것보다 미래에 대해 여러 가지 가능한 모습을 예견하여 이로부터 시사되는 바를 인식하고 이에 대한 준비를 한다는 것은 조직의 목표 달성 가능성을 훨씬 높일 수 있다는 것을 의미한다. 일반적으로 이러한 목적으로 시뮬레이션을 시행할 때는 시나리오 플래닝Scenario Planning이 자주 활용된다. 최상의 또는 낙관적인 시나리오Best or Optimistic Scenario, 최악의 또는 비관적인 시나리오Worst or Pessimistic Scenario, 그리고 실제 가능성이 가장 높은 시나리오Most Likely Scenario의 3가지로 나누어 각각의 시나리오가 나올 수 있는 조건들을 살펴본다. 그리고 개별 시나리오가 발생된다면 그 결과가 어떻게 될 것인지를 예측해 보고 예비책을 준비하는 것이 시나리오가 보여주는 미래하에서도 최선의 결과를 얻을 수 있는 방안이 된다. 그러므로 이러한 시나리오 플래닝을 수행해 보고 실행하는 조직은 그만큼 불확실한 미래에 의해 좌우되지 않고, 유연하게 대응할 수 있어 조직의 성과를 최대한 통제할 수 있게 되는 것이다.

CRM 마케팅 믹스 실행을 위한 예산과 예측되는 재무성과

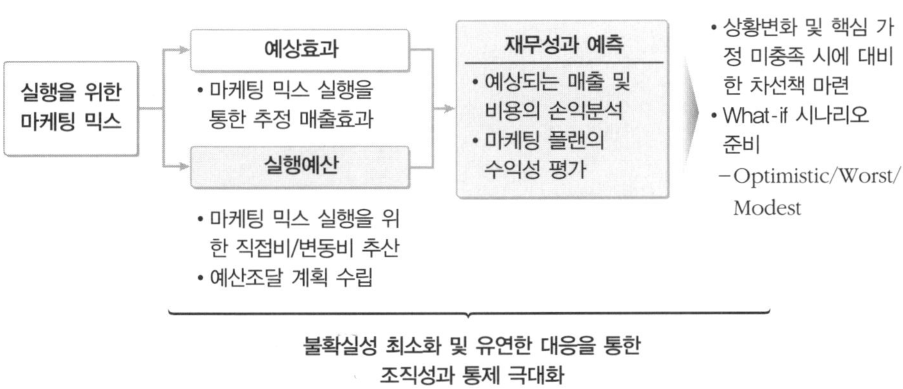

실제 비즈니스 적용 사례 : CRM 마케팅 믹스

H사는 CRM 인텔리전스를 바탕으로 타깃고객의 니즈를 파악한 후 자사 제품 간의 갭을 분석해 상품, 가격, 채널, 판촉 전략 및 고객획득과 유지전략을 수립했다. H사는 이제 도출된 전략을 실제로 수행하여 수립된 목표를 달성하기 위한 CRM 마케팅 믹스 계획안을 수립했다. 이를 통해 실제 회사가 해야 할 활동 및 필요한 예산 및 자원, 정량적으로 예측된 기대효과와 재무적 성과를 파악하고자 했다.

(1) 실행을 위한 CRM 마케팅 믹스와 요건들

	구체적 실행안	요건(Requirement)	매출에 미치는 예상효과
상 품	• 타깃구매자들이 가장 선호하는 구성으로 상품을 디자인하여 출시 – 화상도(Resolution, 2000×2000) – 화면밝기(Brightness, 3000+) – 가격(US $35,000) – 브랜드(Brand Name: Hughes-JVC) – Horizontal Scan Frequency(15-135) – Display Type(Light Valve) – Weight <150 lbs. – Contrast(300 : 1) • 기술지원과 서비스는 지난 기간과 동일	• 생산체제와 프로세스 완비	• 지난해 판매량 : 1,518 • 연간 시장 성장률 : 10% • 타깃구매자들 중 6%가 가장 선호하는 상품에 대해 강한 구매의향을 보였음. • 작년 수준의 시장 매출 수준의 추세와 더불어 새로운 상품출시에 따른 예상 매출량 : 1,518×(1+0.1)×0.06 =100 Units

가 격	• US $35,000로 결정하여 경쟁사의 상품에 비해 가격경쟁력 확보	• 목표수준까지의 생산단가 절감	• 출시되는 상품 디자인과의 시너지를 통해 이 가격수준에서 위에서 제시된 예상되는 매출량
판매채널	• 영업인력 증가 –22명에서 37명으로 증가 • 딜러 네트워크 확장 –34명의 딜러에서 70명의 딜러로 증가	• 판매실적 관리 시스템 지원	• 추가 영업인력과 딜러 네트워크 확장으로부터 기대되는 추가 매출량 : 46 Units
판매촉진	• 분기마다 Trade Show 시행 –연 4회 실시	• 작년과 동일한 형태의 Trade Show 지원 (연 4회)	• 보수적인 예측으로 Trade Show를 통해 1개의 프로젝터를 판매하는 보수적 목표 수립 : 4 Units
고객획득	• 시장진입 초기이므로 영업인력과 딜러 네트워크를 기반으로 고객획득	• 영업인력 증가 및 딜러 네트워크 확장	• 위에서의 예상대로 신규 구매자를 150 정도의 수준으로 책정
고객유지	• 시장진입 초기이고 Buying Cycle이 긴 상품이므로 고객유지를 위해 서비스와 기술적 지원에 역점	• 서비스와 기술담당 부서의 지원	• 신규 구매자 대상으로 선행적이고 정기적인 접촉을 통해 구매추천이나 추가구매 유도

예상되는 총 판매량 → 150 Units

(2) 필요 자원을 위한 예산과 재무계획

i) 수립된 CRM 마케팅 믹스 실행에 필요한 예산

	요건(Requirement)	소요비용
상 품	• 생산단가를 가격의 50% 수준 정도로 절감하여 신상품 생산체제 구축	• US $2.625Million –연간 150개의 프로젝터 생산비용 : US $35,000×0.5×150=US $2.625Million
판매채널	• 영업인력의 예상 판매량인 46개에 대한 판매 커미션(Sales Commission)	• 판매 커미션 10% –프로젝트당 US $3,500
판매촉진	• 분기별 Trade Show 실행	• 연간 US $320,000
고객획득	• 판매채널로서 추가 영업인력 모집	• 판매 커미션 기반의 고객획득 비용 지출
고객유지	• 선행적인 고객접촉과 서비스/기술 지원	• 작년과 동일한 수준 유지

직접비용 US $2.786Million

ii) 재무계획 Financial Plan : 손익모델 Profitability Model

재무분석을 통한 손익예측

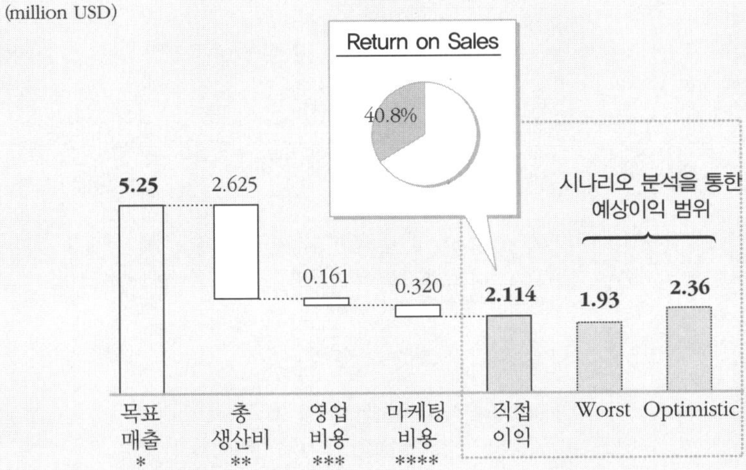

* 목표매출량 150×US $35,000
** 매출의 50%로 가정
*** 46×US $35,000×0.1
**** Trade Shows

H사는 CRM 마케팅 믹스 실행안을 수립하고 각각의 실행안에 대한 필요요건을 정의했다. 그리고 이에 따른 예산을 수립하고 필요한 자금을 조달할지를 논의했다. 분석결과 CRM 마케팅 믹스가 성공적으로 실행된다면 H사의 목표매출은 US $5.25Million가 될 것이고 이에 대한 직접이익은 US $1.114Million가 될 것으로 추정되었다. 단, 이는 CRM 마케팅 믹스 실행안이 실제로 실행되었을 경우이므로, 이를 철저히 실행하기 위한 계획을 세우고 지속적으로 점검할 필요가 있었다.

CRM 마케팅 믹스(CRM Marketing Mix) – 정리

- 설정 목표/실행 전략과의 뚜렷한 일관성 및 명확한 연관성
- 고객의 니즈 충족에 대한 계획된 실행안
- 통제 가능한 마케팅 변수의 최적값 도출 의사결정

CRM Marketing Mix

핵심 마케팅 변수 의사결정

- 통제 가능한 핵심 변수 선정
- Marketing Decision Modeling을 통한 최적 수준 결정

마케팅 믹스 실행안 도출 및 필요요건 파악

- 전략 및 마케팅 믹스 변수 수준에 적합한 실행안 및 필요요건 도출
- 실행에 따른 매출효과 산출

실행예산 및 재무성과 측정

- 시나리오 분석 및 대체안 마련

- 설정된 목표의 논리적이고 근거 있는 실행안 도출
- 불확실성 최소화 및 신축적 대응으로 조직성과 통제

5. CRM 마케팅 믹스를 위한 실행계획 Execution Plan

기업이 현재 위치를 이해하고 달성하고자 하는 목표를 설정했고, 목표를 향해 나갈 방향의 길을 따라 무엇을 어떻게 하여 목표에 도달할 것인가가 결정되었다면, 이제는 그것을 행동으로 옮기는 실행단계이다. 다시 말해, 방향과 길을 제시하는 전략과 이와 일관된 CRM 마케팅 믹스가 수립되었다면, 이제는 하나씩 실행해 나가야 한다. 이 실행단계에 있어서 아무리 강조해도 지나치지 않은 것은 전략과 CRM 마케팅 믹스가 아무리 잘 만들어졌다 하더라도 그 자체가 목표 달성을 보장해 주지는 않는다는 것이다. CRM 마케팅 플랜을 실행으로 옮기는 것은 절대 쉬운 일이 아니다. 목표 달성여부는 실상 잘 준비된 CRM 마케팅 플랜의 내용에 달려 있는 것이 아니라, 바로 실행에 달려 있는 것이다. 어떤 의미에서는 CRM 마케팅 믹스의 수립은 단지 시작에 불과하고, 진정 성공적인 결과는 계획에 따른 철저한 실행에 달려 있다고 할 수 있다. 올바른 실행 없이 기대하는 결과가 절대 나올 수 없다는 이치를 상기해 보면, 실행의 중요성을 충분히 이해할 수 있으리라 생각된다. 그런데 늘 실행에는 많은 걸림돌이 있게 마련이다. 실행을 위한 자원/예산의 미확보, 실행을 담당하는 실무자들의 동기부재로 인한 실행력 미흡, 실무자의 역량 부족, 새로운 변화를 요구하는 실행에 대한 두려움/저항/위협, 실행 프로세스상의 문제점, 예상치 못했던 리스크, 관련 부서 간의 정치적 이해관계의 대립, 조직 내부에서의 지원부족 등 실행상의 걸림돌은 실로 다양하다. 그러므로 이러한 실행상 당면하게 될 걸림돌을 최소화하기 위해 사전에 최대한 면밀히 예측하고 준비해야 한다.

또한 CRM 마케팅 플랜이 기대하는 결과를 얻기 위해서는 실행에 관련된 실무인력과 효율적 자원배분 사이에 유기적 결합이 필요하다. 또한 CRM 마케팅 플랜에서 계획된 개별 활동들이 잘 전개될 수 있도록 관련자들의 적극적인 참여와 협조가 절대적으로 필요하다. 그리고 무엇보다도, 실행단계의 처음부터 끝까지 실행담당자들이 그들에게 주어진 수행작업을 명확히 이해하고 목표의식 역시 뚜렷해야 한다. 따라서 실행담당자들이 주어진 작업을 올바로 수행할 수 있도록 다음과 같은 부분에 대한 점검이 꼭 필요하다고 하겠다.

- 실행담당자들은 그들에게 주어진 역할, 책임, 그리고 실행해야 하는 구체적 작업과 실행 프로세스에 대해 충분히 이해하고 있고, 그들의 노력이 전체 CRM 마케팅 믹스 실행결과에 미치는 영향을 숙지하고 있는지를 점검해야 한다.
- 실행담당자들이 그들에게 주어진 작업을 수행하는 데 요구되는 스킬 Skill, 자원과 시스템을 포함하여 필요한 부분에 대한 지원이 적절히 주어질 수 있도록 이를 위한 프로세스와 자원확보를 점검해야 한다.
- CRM 마케팅 플랜을 실행으로 옮기기 전에 반드시 해야 할 것은 사전에 협조를 얻어야 하는 유관부서나 영향을 받게 될 부서와의 충분한 커뮤니케이션이다. 가능하다면 CRM 마케팅 플랜을 기획하는 초기에서부터 논의하여 직접 참여할 수 있도록 유도하는 것이 좋다. 그러나 현실적으로 이것이 어렵다면 실행담당자들이 주어진 작업을 수행할 때 작업 과정과 결과에 대해 관련부서와 언제든지 의견을 교환할 수 있는 조직 간의 커뮤니케이션 채널을 구축해야 한다. 실행상에 생겨나는 문

제점들은 많은 경우 고객접점담당자나 실행담당자에게서 발생하기보다는 지원부서로부터의 지원이 제대로 이루어지지 않아 발생하곤 한다.

이러한 점검과 더불어, 실행을 위해 필요한 것은 주요 활동계획으로 누가 언제부터 언제까지 무엇을 어떻게 실행하고, 목표로 하는 결과는 무엇이고 실행에 대한 책임은 누가 질 것인가Roles and Responsibilities에 대해 상세히

실행계획표(예시/상반기)

실행담당 부서	실행작업	January					February				March				April				May					June			
		3	10	17	24	31	7	14	21	28	7	14	21	28	4	11	18	25	2	9	16	23	30	6	13	20	27
• 영업지원팀	• 상품불량률 점검(3% 유지)		━		━		━		━		━		━		━		━		━		━		━		━		━
• 마케팅팀 (시장조사파트)	• 상품품질과 고객만족 서베이											━	━	━													
	• 가격에 대한 고객반응 모니터링	━	━	━	━	━	━	━	━	━	━	━	━	━	━	━	━	━	━	━	━	━	━	━	━	━	━
• 영업지원팀	• 2지역에 신규 매장 설립	━	━	━																							
• 마케팅팀	• 웹 사이트 내 개인화 구축 및 운영	━	━	━																							
• 마케팅팀	• 이메일 채널 구축과 운영	━	━																								
• 마케팅팀	• 신규 매장지역 고객 커뮤니케이션 –매장 설립 전후 2개월 내 DM	━	━	━	━	━	━	━	━																		
• 영업지원팀/마케팅팀	• 매장과 웹 사이트 내 판매촉진행사	━	━	━											━	━	━										
• 마케팅팀	• 웹 사이트 경품행사								━	━	━	━	━	━													
• 마케팅팀	• 재구매 상위 우량고객 사은품 제공 및 커뮤니케이션 실행					━				━				━				━					━				━
• 마케팅팀	• 이탈고객 방지 로열티 프로그램 개발	━	━	━	━	━	━	━	━	━																	
• 마케팅팀	• 결과측정 체계 개발	━	━																								
• 마케팅팀	• 실행과정 모니터링 및 측정을 통한 실행데이터 수집	━	━	━	━	━	━	━	━	━	━	━	━	━	━	━	━	━	━	━	━	━	━	━	━	━	━
• 마케팅팀	• 실행결과 분석 및 개선을 위한 제안 도출																										

실행계획표(예시/하반기)

실행담당 부서	실행작업	July				August					September				October					November				December			
		4	11	18	25	1	8	15	22	29	5	12	19	26	3	10	17	24	31	7	14	21	28	5	12	19	26
• 영업지원팀	• 상품불량률 점검(3% 유지)																										
• 마케팅 (시장조사파트)	• 상품품질과 고객만족 서베이 • 가격에 대한 고객반응 모니터링																										
• 영업지원팀	• 2지역에 신규 매장 설립																										
• 마케팅팀	• 웹 사이트 내 개인화 구축 및 운영																										
• 마케팅팀	• 이메일 채널 구축과 운영																										
• 마케팅팀	• 신규 매장지역 고객 커뮤니케이션 –매장 설립 전후 2개월 내 DM																										
• 영업지원팀/마케팅팀	• 매장과 웹 사이트 내 판매촉진행사																										
• 마케팅팀	• 웹 사이트 경품행사																										
• 마케팅팀	• 재구매 상위 우량고객 사은품 제공 및 커뮤니케이션 실행																										
• 마케팅팀	• 이탈고객 방지 로열티 프로그램 개발																										
• 마케팅팀	• 결과측정 체계 개발																										
• 마케팅팀	• 실행과정 모니터링 및 측정을 통한 실행데이터 수집																										
• 마케팅팀	• 실행결과 분석 및 개선을 위한 제안 도출																										

정리된 스케줄 표인 실행계획표Execution Planner이다. 기업에서 설득력 있는 논리로 잘 수립된 마케팅 플랜이 있음에도 불구하고 막상 이에 따른 실행이 잘 안 되는 경우가 종종 있다. 필자의 관찰과 경험에 비추어 보면, 실행이 잘 안 되는 경우의 대부분은 구체적인 실행플랜Action Plan이 없기 때문이 아닌가 생각한다. 따라서 구체화된 실행계획표를 예시해 보았다.

실제 비즈니스 적용 사례 : 마케팅 믹스 실행계획- 실행계획표

H사는 CRM 마케팅 믹스 실행안을 수립했다. 그러나 가장 중요한 것은 실행이라는 것을 H사는 잘 알고 있었다. 이에 치밀하게 세운 전략을 철저히 실행하기 위한 구체적인 실행계획표를 만들고 지속적으로 점검하기로 했다.

H사는 실행계획표를 수립하고 관련 조직이 이를 공유했다. H사는 실행 단계에서 이미 측정을 통한 모니터링 체계를 세워 놓았고, 지속적인 실행점검을 통해 실제로 실행된 바와 달성수준을 검토하기로 했다.

Marketing Mix	기대효과 (예상판매량)	실행작업	January					…	December			
			1	8	15	22	29		5	12	19	26
• Product	• 100 Unit	• 타깃소비자 선호에 맞춘 구성의 상품 디자인 및 출시 • 기술지원 및 서비스(전기와 동일)										
• Price		• 새로운 가격 고시										
• Place	• 46 Unit	• 영업인력 증가(22명→37명) • 딜러 네트워크 확장 (34명 → 70명)										
• Promotion	• 4 Unit	• 영업인력 증가(22명→37명) • 딜러 네트워크 확장 (34명 → 70명)										
• Customer Acquisition	• 채널효과와 중복	• 영업인력과 딜러 네트워크를 기반으로 한 영업을 통한 고객획득										
• Customer Retention		• 선행적인 고객접촉 및 지속적인 서비스와 기술 지원										
• 공통		• 관찰을 통한 점검과 측정										

CRM 마케팅 믹스를 위한 실행계획(Execution Plan) – 정리

- CRM 마케팅 플랜의 진정한 성공은 실행에 달려 있음

점검사항

- 실행담당자들의 역할, 책임, 작업 및 프로세스에 대한 이해와 실행결과에 대한 영향 숙지 여부
- 실행담당자들에게 요구되는 스킬(Skill), 자원 및 시스템 등의 지원 프로세스 및 자원 확보
- 유관부서 및 영향을 받는 부서와의 사전 커뮤니케이션
  - 기획초기 직접참여 유도
  - 조직 간 커뮤니케이션 채널 구축

\+

실행계획표

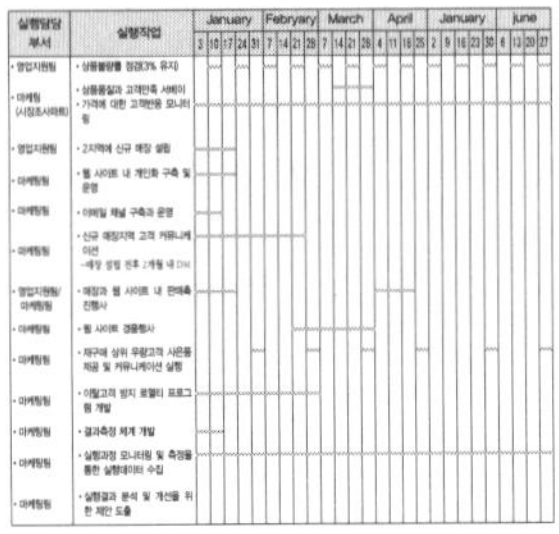

- 실행스케줄 구체화
- Roles and Responsibilities 명확화

6. 측정계획 Monitoring and Measurement Plan

어떠한 일을 실행하면 실행 후 결과가 있게 마련이다. CRM 마케팅 플랜도 마찬가지로 기업이 달성하고자 하는 목표를 설정하고 이를 위해 CRM 마케팅 믹스가 수립되어 실행으로 옮겨지면, 그 실행결과가 나타나게 된다. 기존의 마케팅 플랜과는 달리, CRM 마케팅 플랜에서 강조하고자 하는 것은 기업이 목표 달성을 위해 실행할 때 실행과 함께 실행과정을 모니터링하고 실행결과의 측정이 이루어져야 한다는 것이다. 앞에서 비유로 사용했던 여행을 다시 생각해 보면, 여행의 목적지와 여행계획이 구체화되어 실제 여행을 시작하고 목적지로 갈 때 최종 목적지로 향한 실제 이행이 계획대로 잘 진행되고 있는지 How are we doing and how did we do?를 모니터링하고, 단계별로 또는 주요 이정표 Milestone마다 중간결과를 점검하고 측정하여 데이터로 축적하면서 실행과정을 관리해 나가야 한다. 실상, CRM 마케팅 믹스 실행과정을 모니터링하고 단계별 성과측정과 최종 실행결과측정 등을 수행한다는 것은 적지 않은 노력과 비용이 요구된다. 그럼에도 불구하고 CRM 마케팅 플랜에서 이러한 측정단계를 필수적인 요소로 간주하고 실제 실행결과를 가시화하여 측정한다는 것은 그만큼 측정이 중요하다는 것을 의미한다. 여기서 먼저 측정에 대한 생각을 정리해 보아, 실제로 왜 정확하게 실행결과를 측정하는 것이 중요한지를 살펴보고 필요한 측정체계와 측정계획에 대한 논의를 해보도록 하자.

(1) 측정의 중요성

기존의 전통적인 경영방식과는 달리, 과학적 경영을 강조하는 CRM의 영역에서는 무엇보다 실행결과에 대한 정확한 측정을 강조하고 있다. CRM 프로세스상에서 목표를 정할 때부터 실행결과를 어떻게 측정할 것인지에 대해 반드시 계량적이거나 측정 가능한 지표에 대한 충분한 고려와 준비를 해야 한다. 측정에 대한 준비 없이 목표를 설정하거나 수립한 계획을 실행으로 옮길 때에는 실제 실행결과를 측정할 수 없게 되어 목표 달성에 대한 성공여부를 판단할 수 없을 뿐 아니라 사후관리에 여러 가지 어려움을 가져올 수밖에 없다. 그렇기에 오늘날 CRM 경영방식을 지향하는 기업들 사이에서는 측정될 수 없는 것은 개선될 수 없다.No measurement, no improvement.는 공감대가 폭넓게 형성되어 있는 것이다. 따라서 CRM 마케팅 플랜에서 강조하는 모니터링과 성과측정은 CRM 프로세스를 따라 전개되는 모든 실행결과의 평가, 실행결과 분석, 개선책 도출 등의 사후관리를 위해 사용하게 된다. 좀 더 구체적으로 측정의 중요성을 살펴보자.

- 단계별 성과측정을 통한 모니터링으로 실행이 잘되고 있는지를 점검할 수 있어 실행상의 문제점을 탐지할 수 있게 되고, 실제로 문제가 발생될 때에는 적절한 조치를 취할 수 있어 실패를 사전에 막거나 극소화할 수 있게 된다.
- 실행결과에 대한 측정 데이터를 바탕으로 설정된 목표와 실행결과의 비교가 가능하게 되므로 결과적으로 목표 달성의 성공여부에 대한 평

가와 판단을 명확하게 할 수 있다.

- 설정된 목표와 측정된 실행결과를 비교하여 목표와 측정결과가 다르다면, 특히 목표를 달성하지 못한 결과가 나오면, 측정된 데이터는 그 격차가 어느 정도인지를 보여줄 수 있을 뿐 아니라 그 격차의 원인이 무엇인지를 밝혀내기 위한 분석의 기본 인풋Basic Input을 제공하게 된다.
- 여러 가지 형태로 얻게 되는 측정 데이터는 목표와 실행결과 사이에 존재하는 격차를 깊이 있게 분석하여 그 원인을 밝혀낼 수 있도록 도와준다. 이와 더불어, 무엇을 어떻게 하면 그 격차를 채울 수 있는지 또 그 외에 어떠한 개선을 할 수 있는지에 대한 학습을 가능하게 하여 조직의 실행역량을 개선할 수 있게 해 준다. 궁극적으로 CRM 프로세스를 따라 전개되는 모든 실행결과를 올바로 측정하여 목표 달성여부 판단, 격차분석Gap Analysis을 통한 원인규명, 개선을 위한 솔루션 도출 등의 사후관리가 가능하게 되고 실행상의 핵심 성공인자Key Success Factor들에 대한 노하우Know-how가 축적되어 실행결과를 지속적으로 향상시킬 수 있다.

CRM 프로세스상에서 실행과정과 실행결과에 대한 측정이 되지 않아 데이터가 없다면 위와 같은 일들이 불가능하므로 측정의 중요성이 강조된다고 할 수 있겠다. 그렇기 때문에 CRM 마케팅 플랜에서는 성과측정이 없어서는 안 될 필수적인 요소이며, 이것이 또한 기존의 마케팅 플랜과의 뚜렷한 차별점이 된다. 다음 절에서는 전반적인 측정체계에 대하여 논의한 후, 측정계획에 대한 내용을 살펴보기로 하자.

측정의 중요성

단계별 성과측정을 통한 모니터링

- 실행점검을 통해 문제점 탐지 및 즉시조치로 실패예방 및 극소화 가능
- 목표와 실행결과 비교를 통해 목표 달성여부에 대한 판단과 평가 명확화
- 목표/실행 미달 시 격차 계량화 및 격차분석을 통한 원인규명과 개선을 위한 솔루션 도출의 용이화
- 실행과 개선으로 조직실행상 핵심 성공인자들에 대한 내부학습

→ **조직의 실행역량 개선**

(2) 측정체계 Measurement System

앞에서 강조한 측정의 중요성을 고려해 보면, 목표를 세우고 이를 위해 CRM 마케팅 믹스를 실행으로 옮길 때 이에 따른 결과를 올바로 측정하기 위해 실행 전부터 측정에 대한 많은 생각과 준비가 필요하다. 이익 또는 매출과 같은 경제적인 지표로 목표가 설정되었을 때는 화폐단위로 측정이 가능하므로 단위를 선정하는 작업이 비교적 단순하다. 하지만 일반적으로 실행결과를 제대로 측정하기 위해서는 측정단위는 물론 측정기준, 측정단위/척도, 측정주기, 측정기간, 측정방법 등 다양한 차원들을 포함한 전반적인 측정체계를 고려해야 한다. 더욱이 목표가 여러 가지로 정해졌거나 심지어 정량적 Quantitative이 아닌 정성적인 Qualitative 형태로 주어졌을 때는 측정이 더 어려워진다. 새로운 형태의 목표나 정성적인 목표가 설정되면, 쉽게 가용

할 수 있는 적절한 측정단위나 측정방법 등이 없을 수도 있다. 경우에 따라서는 정해진 목표를 단기적인 지표와 장기적인 지표로 동시에 측정하는 것이 필요할 수도 있다. 만일 어느 기업이 고객감동을 기업이 추구하는 목표 중의 하나로 정했다고 하자. 그렇다면 이를 측정할 수 있도록 실행을 위한 정의Operational Definition를 적절하게 내리고, 이에 상응하는 측정단위, 측정 주기와 기간, 측정방법 등을 포함한 전반적인 측정체계를 실행 전에 마련해야 할 것이다. 측정할 수 없는 고객감동에 대해 조직원들이 통일된 개념을 갖기는 쉽지 않다. 또한 측정이 불가능한 고객감동이란 이를 위해 직원들이 많은 노력을 경주한다 해도 그 노력의 결과를 가시화할 수 없으므로, 성공의 기준이 없고 뚜렷한 결과가 나오기도 어려워 공허하게 들릴 수밖에 없을 것이다. 따라서 이러한 준비 없이 고객감동을 외친다면 내실 없는 구호에 그칠 수밖에 없다고 생각한다. 때로는 부적절한 측정체계가 만들어져 결과측정이 잘못되어, 이로 인해 실행결과를 평가하거나 이와 관련된 의사결정을 하는 데 오류를 범할 수도 있다. 그러므로 기업이 측정하고자 하는 것에 대해 구체적인 정의를 내리고 이를 올바로 측정할 수 있는 적절한 측정체계를 갖추어야 하며, 없다면 실행에 앞서 반드시 개발해야 한다.

측정체계

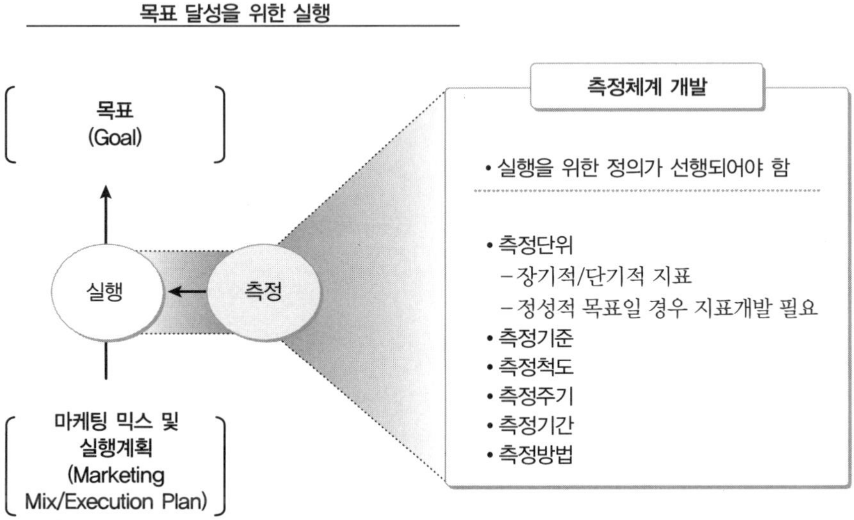

(3) 측정계획을 수립할 때 고려해야 할 사항들과 측정계획의 예

앞에서는 측정의 중요성과 결과측정을 위해 마련해야 하는 측정체계에 대해 논의했다. 그렇다면 여기서는 CRM 마케팅 믹스를 실행할 때 동반되어야 할 측정계획에 대해 살펴보고자 한다. 무엇보다도 먼저, 측정계획을 수립할 때 명확하게 결정해야 할 사항은 준비된 CRM 마케팅 믹스의 실행과정을 모니터링하고 실행결과를 측정하며 측정활동 전체를 관리해 나갈 주체를 정하는 일이다. 실행결과를 올바로 측정하기 위해서는 CRM 마케팅 믹스의 실행부서는 실행에 대한 피드백Feedback은 받을 수 있겠지만 측정활동 자체에 관해서는 배제되는 것이 바람직하다. 실행 전에 실행부서가 동의할 수 있도록 측정체계를 만들어야 하지만, 실행결과를 실제로 측정하고

관리하는 작업은 별도의 독립적인 부서가 담당하여, 중립적이며 객관적으로 측정해 나가는 것이 좋다고 생각한다.

준비한 CRM 마케팅 믹스 실행과정을 모니터링하여 중간성과를 가시화하고 실행결과를 측정하기 위해 중간지표나 KPI Key Performance Indicator 라는 핵심 성과지표를 사용할 때에는 이 지표들과 궁극적인 목표와의 뚜렷한, 특히 계량적으로 분명한 연계를 보여야 한다. 그래서 실행과정 중 관련 지표들의 가시적인 변화를 모니터링하면서 실행결과가 어떻게 될 것이며 궁극적인 목표인 매출에 주는 영향이 얼마나 될 것인지를 예측할 수 있어야 한다. 이를 통해 실행과정에서 KPI나 관련 지표의 변화가 예상 또는 계획했던 수준에 크게 미치지 못하는 중간결과가 나올 경우에는 조기에 문제를 탐지하고 이를 해결할 수 있는 적절한 조치를 취할 수도 있게 된다. 따라서 실행과정 동안에 관찰할 수 있는 중간산출물을 대표할 수 있는 적절한 KPI를 사전에 찾거나 개발하여 계량화하고 이를 기반으로 최종 결과를 예측해 보는 실행의 과정관리를 위한 준비가 요구된다.

실행이 진행되는 과정을 모니터링하면서 또 한 가지 해야 할 것은 CRM 마케팅 플랜에서 매출목표를 설정하는 과정에서 적절한 매출목표 수준을 도출하기 위해 명시적으로 취했던 제반 가정들을 확인해 나가는 것이다. 예를 들어, 목표매출을 설정할 때 취했던 여러 가지 판매촉진들의 예상 반응률에 대한 가정, 광고효과에 대한 가정, 광고/커뮤니케이션의 시차 Time Lag, 외부환경의 변화에 대한 가정 등과 실제로 실행과정 동안에 실현된 값이나 실제 현상을 모니터링하고 측정하여 최종 실행결과에 대한 좀 더 가까운 예측을 해보고 설정된 목표를 달성하기 위한 추가적인 노력을 기울이는 것도 필요하다.

측정계획 수립 시 고려사항

	내 용
측정주체	• 실행과정 모니터링과 결과측정 및 관리주체 선정 –실행부서는 배제하여 중립적이고 객관적 측정 필요
핵심 성과지표(KPI)	• 핵심 성과지표(Key Performance Indicator) 개발 및 모니터링 –실행 과정과 결과 간의 계량적으로 명확한 연계 –지표 모니터링으로 실행과정 중 격차발생 시 조기 탐지 및 조치 가능
목표 설정과정 확인	• 매출목표 설정과정 시 취한 제반가정 확인 필요 –판촉반응, 광고효과 및 Time Lag, 외부환경 변화 등에 대한 가정 확인 –실행과정 동안 실현된 값이나 실제 현상 모니터링으로 추가적 개선 필요

그러면 여기서는 실행과정의 전개와 더불어 나타나는 단계별 지표와 이에 대응하는 매출의 변화를 측정하기 위해 측정주기, 측정기간 등과 함께 보여주는 측정계획표Measurement Planner를 하나의 예로 다음과 같이 제시해 본다.

측정계획표(예시 / 상반기)

Marketing Mix	기대효과	실행작업	January					February				March				April				May					June			
			3	10	17	24	31	7	14	21	28	7	14	21	28	4	11	18	25	2	9	16	23	30	6	13	20	27
• Product	• 0.8억	• 불량률 감소를 위한 매장 품질개선 노력 및 배달/인도 시 품질점검 • 상품품질 및 고객만족 서베이 실시																										
관찰을 통한 점검 및 측정		• 전 매장 판매상품 불량률 격주 점검 • 불량률 최종 측정 • 불량률 변화에 따른 매출변화 측정																										
• Price	• 0.5억	• 새로운 가격 고시																										
관찰을 통한 점검 및 측정		• 가격변화에 대한 고객반응 모니터링 • 가격변화에 따른 매출변화 측정																										
• Place	• 16.8억	• 2개 지역에 신규 매장 설립 및 운영 • 웹 사이트 내 개인화 구축 및 운영 • 이메일 채널 구축과 운영	 구축	설립 구축													운영 운영 운영											
관찰을 통한 점검 및 측정		• 신규 매장 고객/매출 증가 모니터링 • 개인화 사용자 추이 모니터링 • 이메일 사용추이 및 추가매출 측정																										
• Promotion	• 12.65억	• 신규 매장 지역 고객 커뮤니케이션 -매장 설립 전후 2개월 내 DM • 매장과 웹 사이트 내 판매촉진행사 • 웹 사이트 경품행사																										

Marketing Mix	기대 효과	실행작업	January					February				March				April				May					June			
			3	10	17	24	31	7	14	21	28	7	14	21	28	4	11	18	25	2	9	16	23	30	6	13	20	27
관찰을 통한 점검 및 측정		• 신규 매장 DM 프로모션 과정 점검 및 반응률/추가 매출측정 • 매장별 반응률/추가 매출측정 -재구매 고객 수 및 구매액 변화 측정 • 웹 사이트 교통량/방문자 수 모니터링 및 프로모션 효과 측정																										
• Customer Acquisition	• 13.5억	• 여러 유치채널을 통한 신규 고객 유치 -12만(판촉행사 7.5/신규 매장 4/온라인 0.5)																										
관찰을 통한 점검 및 측정		• 신규 고객 유치 실적 모니터링/측정 • 고객 유치에 따른 매출변화 측정																										
• Customer Retention	• 15.5억	• 재구매 상위 우량고객 사은품 제공 및 커뮤니케이션 실행 • 이탈고객방지 로열티 프로그램					개발													운영								
관찰을 통한 점검 및 측정		• 우량고객 사은품 만족도 반응 모니터링 및 관계스코어 측정 • 로열티 프로그램에 의한 고객 수 변화 및 매출변화 측정																										
• Monitoring & Measurement		• 실행과정 모니터링과 측정을 통한 데이터 수집																										
• Analysis		• 실행결과 분석과 개선을 위한 제안 도출																										

측정계획표(예시/ 하반기)

Marketing Mix	기대효과	실행작업	July				August					September				October					November				December			
			4	11	18	25	1	8	15	22	29	5	12	19	26	3	10	17	24	31	7	14	21	28	5	12	19	26
• Product	• 0.8억	• 불량률 감소를 위한 매장 품질개선 노력 및 배달/인도 시 품질점검 • 상품품질 및 고객만족 서베이 실시																										
관찰을 통한 점검 및 측정		• 전 매장 판매상품 불량률 격주 점검 • 불량률 최종 측정 • 불량률 변화에 따른 매출변화 측정																										
• Price	• 0.5억	• 새로운 가격 고시																										
관찰을 통한 점검 및 측정		• 가격변화에 대한 고객반응 모니터링 • 가격변화에 따른 매출변화 측정																										
• Place	• 16.8억	• 2개 지역에 신규 매장 설립 및 운영 • 웹 사이트 내 개인화 구축 및 운영 • 이메일 채널 구축과 운영														운영 운영 운영												
관찰을 통한 점검 및 측정		• 신규 매장 고객/매출 증가 모니터링 • 개인화 사용자 추이 모니터링 • 이메일 사용추이 및 추가매출 측정																										
• Promotion	• 12.65억	• 신규 매장 지역 고객 커뮤니케이션 –매장 설립 전후 2개월 내 DM • 매장과 웹 사이트 내 판매촉진행사 • 웹 사이트 경품행사																										

Marketing Mix	기대 효과	실행작업	July				August					September				October					November				December			
			4	11	18	25	1	8	15	22	29	5	12	19	26	3	10	17	24	31	7	14	21	26	5	12	19	26
관찰을 통한 점검 및 측정		• 신규 매장 DM 프로모션 과정 점검 및 반응률/추가 매출측정 • 판촉행사 반응률/추가 매출측정 –재구매 고객 수 및 구매액 변화 측정 • 웹 사이트 교통량/방문자 수 모니터링 및 프로모션 효과 측정																											
• Customer Acquisition	• 13.5억	• 여러 유치채널을 통한 신규 고객 유치 –12만(판촉행사 7.5/신규 매장 4/온라인 0.5)																											
관찰을 통한 점검 및 측정		• 신규 고객 유치 실적 모니터링/측정 • 고객 유치에 따른 매출변화 측정																											
• Customer Retention	• 15.5억	• 재구매 상위 우량고객 사은품 제공 및 커뮤니케이션 실행 • 이탈고객방지 로열티 프로그램														운영													
관찰을 통한 점검 및 측정		• 우량고객 사은품 만족도 반응 모니터링 및 관계스코어 측정 • 로열티 프로그램에 의한 고객 수 변화 및 매출변화 측정																											
• Monitoring & Measurement		• 실행과정 모니터링과 측정을 통한 데이터 수집																											
• Analysis		• 실행결과 분석과 개선을 위한 제안 도출																											

실제 비즈니스 적용 사례 : CRM 마케팅 믹스 실행의 모니터링과 결과측정 계획

H사는 철저한 실행 전략 및 계획을 세우고 이에 따른 실제 마케팅 활동을 준비하였다. 이와 함께 실제 실행 전 이에 대한 모니터링 및 점검을 위해 측정체계를 수립하고 이에 대한 계획을 작성했다.

	실행작업	January					…	December			
		1	8	15	22	29		5	12	19	26
• Monitoring & Measurement	• 관찰을 통한 점검과 측정										
	• 실행과정 모니터링과 측정을 통한 데이터 수집										

H사는 실행단계별로 지속적인 성과 모니터링을 통해 목표와 실제 결과와의 차이를 지속적으로 인지하고 분석했으며, 필요한 시기에 적절한 조치를 취하여 목표 달성을 위한 실행역량을 쌓아갈 수 있었다.

측정계획(Monitoring and Measurement Plan) – 정리

측정의 중요성

- 실행점검을 통한 문제점 탐지 및 즉시 조치
- 목표 달성여부 판단 및 목표/실행 격차 원인 규명과 솔루션 도출

조직의 실행역량 개선

측정체계 개발

- 실행을 위한 구체적인 정의
- 적절한 측정체계 개발
  - 단위/기준/척도/주기/기간/방법

측정계획 수립

- 중립적이고 객관적인 측정주체 선정
- KPI 개발 및 모니터링
- 매출목표 설정 시 제반과정 확인 및 모니터링 중 추가개선

- 단계별 성과 모니터링을 통해 실제 실행결과 가시화
- 조기개선 및 올바른 평가와 실행역량 학습

7. 개선을 위한 분석 Analysis for Improvement

여기까지는 CRM 마케팅 플랜을 수립하여 실행으로 옮기고 이에 따른 실행 결과를 측정하여 데이터를 수집하는 과정을 논의해 왔다. CRM 마케팅 플랜에 대한 이해를 돕기 위해 이 책 전체에 걸쳐 사용해 왔던 여행에의 비유로 다시 돌아가 생각해 보자. 서울을 출발하여 최종 목적지로 정해진 부산으로 가는 루트Route가 결정된 후, 정해진 루트와 계획에 따라 실제 여행을 하면서 중간 지점까지는 어느 정도의 속도로 얼마나 걸렸고, 여행 중간에는 얼마나 자주 측정하여 계획대비 진행이 잘되어 가는지도 점검하여 실제 여행의 모든 행적에 대한 데이터를 수집하였다. 그렇다면 이제 할 일은 수집된 데이터를 가지고 실제 여행결과에 대한 분석을 해보고, 문제점이 발견되면 다음 여행 시에는 어떻게 하여 이 문제점을 해소하거나 개선할지에 대해, 즉 다음 여행을 위한 개선책을 찾아보는 마무리 작업이 필요하다. 이와 마찬가지로, CRM 마케팅 플랜도 구체적으로 목표를 설정한 후 이를 달성하기 위한 전략과 CRM 마케팅 믹스가 수립되어 이를 실행으로 옮기고 실행으로 나타나는 중간과정을 모니터링하고 최종 결과를 측정하여 데이터를 수집하였다. 그렇다면 이제는 계량화되어 측정된 중간성과와 최종 실행결과를 다양하게 비교 분석하여 다음의 플래닝 사이클Planning Cycle에서는 더욱 효과적으로 실행하여 기대하는 결과를 얻을 수 있도록 지속적으로 개선해 나가는 노력을 반복해야 할 것이다. 국내기업의 경영활동에서 가장 취약한 부분의 하나는 바로 사후결과에 대한 깊이 있는 분석과 사후관리가 따르지 않는 것이라고 생각한다. 필자가 관찰한 많은 기업은 앞 단계에서 전략과 마케팅 실행안을 수립하는 부분도 약하지만 무엇보다도 실행 후 사후관리가 더욱 취약했다. 무엇보다도 국내기업의 경우에는 치밀한 준비를 갖추고 실행을 시작하는 것보다는 단기성과와 상황논리에 의해 '하고 보자' 또는 '하면서 고쳐 나가자' 라는 인식이 강하다고 생각한다. 그리고 실행이 잘 안 되어 목표를 달성 못하게 되면 새로 판을 짜고 다시 시작하는 경우가 많고 실행에 있어서 무엇이 문제였는지를 돌이켜 분석하고 개선안을 찾는 조직문화가 정착되지 못한 것 같다. 이러한 국내기업의 약점을 보완하고 반복적인 학습을 통해 조직의 역량을 개선하여 성과를 높이고자 하는 것 또한 CRM 마케팅 플랜이 제안하는 것이며, 이는 기존의 마케팅 플랜과 구별되는 또 하나의 차이점이라 하겠다. 따라서 여기서는 CRM 마케팅 플랜의 7가지 구성요소 중에서 마지막 요소가 되는 분석계획과 사후관리에 대해 논의해 보고자 한다.

앞 장에서 논의한 측정체계와 측정계획은 이 분석작업의 근간이 되는데, 분석계획Analysis Plan에 포함되어야 하는 분석작업은 크게 2가지로 나누어 볼 수 있다. 첫 번째 부분은 준비된 CRM 마케팅 믹스를 실행하는 과정에서 나타나는 중간산출물에 대한 모니터링과 중간측정을 통해 실행과정에서 얻어진 데이터를 분석하여 실행이 계획대로 진행하고 있는지를 주기적으로 점검하는 것이다. 그래서 혹시 문제점이 탐지될 때 이에 대한 대책을 마련하여 필요한 행동을 취할 수 있도록 실행과정상에서 이러한 작업을 수행하는 것이다. 두 번째 부분은 실제로 모든 실행이 끝난 후에 측정된 최종 실행결과를 목표와 비교 평가해 보고, 차기 실행에서는 더 잘할 수 있도록 지속적 개선을 위해 수행하는 분석작업이다. 기본적으로 첫 번째 작업은 규칙적이거나 미리 정해진 시점에서 수행하지만, 중간과정을 모니터링하면서 필요에 따라 수행할 수도 있다. 또한 이 중간과정에서 수행되는 분석의 형태나 방법, 분석기간도 경우에 따라 달라질 수도 있다. 그러나 중간과정에서는 데이터의 양이 충분하지 못하여 정형화된 분석을 수행하기가 용이하지 않을 수도 있으므로 여기에서는 분석의 형태를 정형화할 수 있는 두 번째 부분의 분석작업에 대한 분석계획을 주로 살펴보기로 한다. 분석계획을 담고 있는 분석계획표Analysis Planner는 앞 장에서 예시한 측정계획표 내에 내재화되어 있으니 참고하길 바란다.

이 단계에서는 CRM 마케팅 믹스의 실행결과를 측정한 데이터를 수집하여 일반적으로 다음과 같은 분석을 하게 된다.

- CRM 마케팅 플랜에서 설정된 매출목표와 계획된 실행기간 동안에 마케팅 믹스를 실행한 후 나타나는 실행결과인 매출실적을 비교하여 격차를 측정하고 이에 대한 다양한 분석을 수행한다.
  - 격차의 크기 : 목표 달성 정도의 평가
  - 격차의 원인분석 :
    - 목표 달성 또는 초과 달성의 경우에는 핵심 성공인자Key Success Factors가 무엇인지를 밝혀내고 그 인자들의 상대적인 중요도를 기준으로 하여 우선순위를 설정한다 .
    - 목표 미달성의 경우 목표 달성 실패요인들은 무엇인지를 밝혀내고, 필요하다면 실행과정상의 어느 시점에서부터 뚜렷한 격차가 시작되었는지 추적해 보며, 구체적으로 무엇 때문에 그리고 어떻

게 잘못되었는지를 밝힌다.

– 격차를 해소할 수 있는 개선책을 도출해 낸다.

- 목표 달성의 여부와는 직접적인 관련이 없다 하더라도, 효율개선이나 실무자들의 생산성을 높이기 위한 변화나 개선점도 도출한다.
- 실행 프로세스도 사후적으로 분석하여 효율을 높일 수 있는 부분을 밝혀 효율적이며 최적의 프로세스가 되어 차기 활동의 개선이 가능하도록 보완한다.
- 목표 설정 시 가정했던 마케팅 캠페인의 반응률, 타깃고객 설정, 비용 예측 등이 적절했는지에 대한 비교분석을 통해 사후적 평가를 하여 차기 CRM 마케팅 플랜을 위해 더욱 유용한 인풋이 도출될 수 있도록 한다.
- 목표 설정 시 취했던 제반 가정요건들과 실현된 실제 현상을 비교 분석하여 외부환경 변화에 대한 좀 더 정확한 예측을 하도록 하여 다음에 수립할 목표수준을 적절히 정할 수 있게 한다.
- CRM 마케팅 플래닝과 실행력 개선을 위해 조직의 학습이 될 수 있도록 실행으로부터 얻은 교훈을 정리하고 조직 내에서 공유할 수 있도록 사내 지식관리Knowledge Management와 커뮤니케이션을 위한 체계를 갖춘다.

CRM 마케팅 플랜을 수립하여 프로세스를 따라 실행한 후 실행결과를 분석할 때는 반복적 학습을 통해 차기 실행에서는 기대하는 결과를 얻을 수 있도록 과정을 통제/관리하고 지속적인 개선을 위한 제안들이 분석단계에서 도출되는 것이 바람직하다. 어느 기업이든 CRM 마케팅 플랜을 수립하여 실행하고 성과 측정단계와 분석단계를 거치는 동안 고객에 대한 이해 부족, CRM 인텔리전스의 미흡, 기획부서의 약한 기획능력, 시장조사의 전문성 부족, 수요예측의 미숙, 부적절한 전략 수립, CRM 마케팅 믹스 개발의 경험 부족, 비효율적인 실행, 실행활동들의 지연, 예상외로 발생되는 문제 대처나 위기관리의 미숙, 측정체계의 미흡, 분석역량의 부족, 개선안 도출 미흡 등 여러 가지 개선해야 할 부분을 찾을 수 있을 것이다. CRM 경영방식이 반복적 학습을 통한 조직의 역량을 개선하고 이를 바탕으로 지속적으로 기업의 마케팅 활동이 개선되는 것을 목적으로 하기에, 이 분석단계에서 실행과정 통제와 개선을 위한 제안들이 많이 도출되어 기업의 역량과 경쟁력을 제고할 수 있도록 해야 한다. 또한 이를 위해 사내의 커뮤니케이션 채널도 구축하여 이를 통해 전사에서 개선안에 대한 공유를 통해 공동의 노력을 기울여 과학적인 마케팅 활동이 될 수 있도록 해야 할 것이다.

실제 비즈니스 적용 사례 : 개선을 위한 분석계획 –사후분석과 개선사항

H사는 실행과정 중 지속적으로 측정한 데이터 분석을 수행하는 한편, 상반기와 하반기에 1회씩 현재까지의 실행에 대한 결과 분석 및 개선사항을 도출하기로 했다.

	실행작업	January					…	July				…	December			
		1	8	15	22	29		4	11	18	25		5	12	19	26
• Analysis	• 실행결과 분석과 개선을 위한 제안 도출															

H사는 매출목표와 실행결과를 비교측정 후 분석하여 그 격차의 수준을 인지하고 원인을 분석한 후 개선안을 도출했다. 실행과정에서 노출된 문제점이나 비효율에 대한 개선도 이루어졌다. 또한 목표 수립 시와 반기가 지난 후의 상황이 변화함에 따라 새롭게 목표수준을 조정하고 전략을 수정했다. H사는 이러한 과정을 통해 마케팅 플랜의 성공적인 수행이 가능했고, 무엇보다 조직의 실행역량 자체를 제고할 수 있었다.

개선을 위한 분석(Analysis for Improvement)–정리

분석작업의 종류

중간 분석
- 실행과정 중 측정 데이터 분석 수행
  - 중간산출물에 대한 주기적/상시적 점검
  - 문제점 탐지 시 조기대책 마련

결과 분석
- 최종 실행결과 분석 및 개선안 마련
  - 최종 실행결과를 목표와 비교평가
  - 차기 실행을 위한 개선안 마련

개선을 위한 분석
- 매출목표와 실행결과 비교 측정 및 분석
  - 격차의 크기
  - 격차 원인분석 및 개선안 도출
    - 달성/초과의 경우 핵심 성공인자 도출
    - 미달인 경우 실패 시점/요인 분석
- 실행 프로세스 사후분석 및 효율화를 위한 개선점 도출
- 목표 설정 시 가정 확인 및 비교 분석을 통한 차후 플랜을 위한 Input 개선 및 목표수준 설정 정교화
- 실행력 개선의 조직 학습을 위한 사내 지식관리 및 커뮤니케이션 체제 확립

- CRM 프로세스 결과분석을 통한 반복학습으로 조직역량 개선의 내재화 가능

Appendix A 상황분석을 위해 활용되는 분석기법들

상황분석Situation Analysis이란 기업이 놓여 있는 상황을 분석하여 기업의 현재 위치가 어디에 있는지를 보여주어 향후 어떤 목적을 가지고 어느 방향으로 나아갈 것인지에 대한 의사결정을 위한 밑그림을 제공한다. 여기서는 상황분석을 위해 자주 활용되는 분석기법들인 SWOT분석SWOT Analysis, 경쟁사분석Competitor Analysis, 핵심성공인자분석Key Success Factor Analysis을 예시와 함께 살펴보고자 한다.

1. SWOT분석

SWOT은 약자를 조합하여 만든 단어로 **S**trengths, **W**eaknesses, **O**pportunities, **T**hreats를 의미한다. 보통 SWOT분석은 주요 상품과 시장측면에서 기업이 가지고 있는 강점Strength과 약점Weakness 그리고 기업이 접하는 사업 기회Opportunity와 당면하는 위협Threat을 분석하며, 다음과 같은 비즈니스 질문에 답변을 찾는 작업이라 할 수 있다.

- 경쟁사와 비교하여 자사가 가지고 있는 상대적인 강점과 약점은 어떤 것들인가? 또는 목표시장에서 경쟁상품에 비해 자사상품이 상대적으로 더 선호되는 이유 또는 더 잘 팔리는 이유는 무엇인가?
- 추가적인 매출을 올릴 수 있는 영업기회나 시장에서의 새로운 기회는 어떤 것들이 있는가?
- 시장에서 자사가 현재 접하고 있거나 미래에 다가올 위협은 어떠한 것들이 있는

가?

위에서 언급한 대로 상황분석은 필요한 정보를 모으고 활용하여 기업이 현재 처해 있는 상황을 이해하고 추가적인 목표설정을 가능하게 하는 작업으로 기업의 자원활용을 위한 전략적 의사결정의 기반을 제공한다. 상황분석으로 기업의 여러 특성과 내부역량을 경쟁사들과 비교해 보고, 접하게 되는 비즈니스 기회나 위협을 분석하여, 기업이 처해 있는 상황 또는 시장위치를 쉽게 파악할 수 있는 정보를 제공할 수 있어야 한다. 이렇게 상황분석으로부터 얻은 정보를 활용하여 기업이 시장에서 어떤 상품이 어떤 고객층에서 성공할 수 있을까를 검토하고 선택과 집중을 위해 기업의 자원과 역량을 어디에 투입할 것인지를 결정할 수 있게 되어야 한다. 이런 목적에 부합할 수 있도록 상황분석의 결과는 보통 매트릭스Matrix 형태로 SWOT을 제시하거나 또는 포트폴리오 매트릭스Portfolio Matrix 형태로 시각화하여 요약된 정보를 제공하기도 한다.

① **매트릭스Matrix 형태의 상황분석** : SWOT분석을 통해 얻게 되는 산출물은 매트릭스 형태로 특정 경쟁사와 비교하여 강점, 약점, 기회, 위협을 다음의 〈표 A-1〉에서 제시된 것과 같이 시각화하는 것이 일반적이라고 할 수 있다. 이 매트릭스 형태의 산출물은 얻어진 정보의 나열을 통해 전체적인 모습을 이해할 수 있게, 그리고 기업이 하려는 주요 의사결정에 기반이 될 수 있는 정보들로 작성되는 것이 바람직하다.

〈표 A-1〉 매트릭스 형태의 SWOT분석 요약의 예시

강점(Strength)	약점(Weakness)
■ Competitive advantages : Product, service, and communication ■ Capabilities ■ Resources/People ■ USP's (Unique Selling Points) ■ Experience	■ Competitive disadvantages : Product, service, and communication ■ Capabilities ■ Lack in resources/people ■ Competitor's Key Differentiators ■ Lack in experience

■ Knowledge/Data and other assets ■ Technology ■ Process and systems ■ Innovativeness	■ Lack in knowledge/data and other assets ■ Technology ■ Process and systems ■ Inherent weaknesses in business fundamentals
기회(Opportunity)	**위협(Threat)**
■ New developments in business and market ■ Favorable changes in customer behavior ■ Technology development and innovation ■ Favorable changes in global market ■ New unique selling points ■ Information and research ■ Partnerships, agencies, distribution ■ Favorable changes in cultural factors	■ Unfavorable changes or obstacles in political, legislative, environmental factors ■ New technologies, services, ideas, business models from competitors ■ Insurmountable weaknesses ■ Loss of key human talents

② **포트폴리오 매트릭스**Portfolio Matrix **형태의 상황분석** : 다른 한 가지 형태의 상황분석 산출물 요약은 흔히 2차원의 포트폴리오 매트릭스 모습으로 정보를 시각화하여 제시되기도 한다. 포트폴리오 매트릭스는 시장 매력도Market Attractiveness와 비즈니스 경쟁력Business/Product Competitiveness이라는 2가지 축이 형성하는 2차원의 매트릭스 형태의 공간에서 계량화된 측정치를 사용하여 상품 또는 사업의 타당성과 잠재성을 평가하여 추진여부에 대한 의사결정을 할 수 있도록 근거를 제시하게 된다. 포트폴리오 매트릭스의 양축을 형성하는 시장 매력도와 비즈니스 경쟁력은 다음과 같이 정의할 수 있다.

- 시장 매력도는 고려하고 있는 사업 또는 상품이 시장에서 추가적 매출과 이익을 어느 정도 가져다 줄 수 있는가에 대한 잠재력 수준
- 비즈니스 경쟁력은 경쟁사에 비해 이 사업 또는 상품의 기회를 얼마나 성공적으로 실행할 수 있는가에 대해 평가된 기업의 경쟁력 수준

여기서 포트폴리오 매트릭스를 도출하는 과정을 간단한 예를 통해 소개해 보고자 한다.

i) 목표로 하는 시장을 겨냥하여 고려하고 있는 사업/상품들을 모두 열거한다. 다음의 〈표 A-2〉는 하나의 가상적인 예를 보여주는데 여기에서는 A, B 그리고 C라는 3가지 사업/상품을 기업이 고려하고 있음을 알 수 있다.

〈표 A-2〉 기업이 고려하고 있는 사업/상품을 열거한 예

사업/상품	목표시장/고객	시장규모
A	실버마켓	800만
B	매스마켓	2500만
C	미혼/직장인 마켓	800만

ii) 시장 매력도를 나타낼 변수들을 선정하고 각각의 변수를 구체적으로 정의한다. 열거된 사업/상품들에 대한 시장 매력도 측면에서 차별화할 수 있는 변수들이 선정되어야 하며, 고려하는 모든 사업/상품에 공히 적용 가능하고 구체적인 연관성이 있어야 한다. 이 목적으로 3가지 변수들이 자주 사용되는데, 그 변수들은 전체 시장규모Total Market Size, 이익 잠재력Profit Potential, 시장 성장 잠재력Market Growth Potential이다. 일단 이렇게 시장 매력도를 정의할 변수들이 선정되면, 그 변수들의 가중치를 결정하여 상대적 중요도를 평가하고, 고려하는 사업/상품들을 하나씩 10점 척도(1=낮음, 10=높음)로 계량화하여 개별 사업/상품들의 시장 매력도 면에서의 평가치를 도출한다(이때 동일한 점수나 수치가 나올 우려가 있을 때

는 100점 척도를 대신 사용하여 상세한 차별화를 하는 것이 필요하다.) . 이렇게 개별 사업/상품에 대한 시장 매력도 점수를 도출하여 2차원으로 표시되는 포트폴리오 매트릭스의 수직축을 따라 가시화한다. 다음의 〈표 A-3〉은 시장 매력도를 구성하는 변수들에게 할당된 상대적 가중치에 대한 예를 보여준다.

〈표 A-3〉 시장 매력도 구성 변수들의 가중치와 고려된 사업의 가중점수

가중치		A	B	C
전체 시장규모 (0.3)		9	8	7
시장 성장 잠재력 (0.2)		8	7	9
이익 잠재력(0.5)		8.5	7.2	7.9
	고려된 사업의 시장 매력도에 대한 가중점수	8.55	7.4	7.85

위에서 시장의 매력도를 정의하는 데 사용된 3가지 변수를 보면, 전체 시장규모나 시장 성장 잠재력은 비교적 직관적으로 쉽게 정의되고 공감할 수 있는 변수들인 데 비해 이익 잠재력은 여러 가지로 정의되거나 해석될 수 있으므로 구체적인 정의가 필요하다. 이익 잠재력의 정의와 측정을 위해서는 흔히 Michael Porter 교수가 제안한 Five Forces가 이익 잠재력을 대변하는 기본 요소로 사용된다. 그 5가지는 경쟁의 심화 정도Intensity of Competition, 대체재의 위협Threat of Substitute, 신규 시장 진입자의 위협Threat of New Entrants, 공급자의 세력Power of Suppliers, 고객의 세력Power of Customers인데, 이외에도 업종에 관련된 특성들을 나타내기 위해 추가적 요소를 선정하여 사용하기도 한다. 이익 잠재력을 측정하기 위해서는 이를 대변해 주는 요소들의 상대적 가중치를 결정하고, 개별 요소에 대해 고려하고 있는 사업/상품들의 이익 잠재력을 10점 척도(1=이익 잠재력이 높을 수 없다, 10=이익 잠재력이 높을 수 있다)로 점수화하여 이익 잠재력의 측정치를 도출한다. 다음의 〈표 A-4〉는 위에서 열거한 3가지 사업/상품인 A,

B 그리고 C에 대한 이익 잠재력Profit Potential을 평가한 예를 보여주고 있다.

〈표 A-4〉 기업이 고려하고 있는 사업(상품)들에 대한 이익 잠재력 평가

	가중치	평가점수 A	가중점수 A	평가점수 B	가중점수 B	평가점수 C	가중점수 C
경쟁의 심화	0.3	9	2.7	8	2.4	9	2.7
대체재의 위협	0.1	6	0.6	7	0.7	5	0.5
신규 진입자의 위협	0.1	7	0.7	6	0.6	7	0.7
공급자의 세력	0.2	9	1.8	7	1.4	8	1.6
소비자 세력	0.3	9	2.7	7	2.1	8	2.4
가중 총점수	1		8.5		7.2		7.9

기업이 고려하고 있는 사업/상품에 대한 이익 잠재력을 〈표 A-4〉의 예를 통해 보면, 시장 매력도라는 측면에서 가장 높은 사업/상품은 A이고 그 뒤를 따라 C, B 순으로 나타났다.

iii) 다음은 포트폴리오 매트릭스의 수평축을 구성하는 비즈니스 경쟁력Business/Product Competitiveness의 측면에서 기업이 어떻게 평가되는가를 측정하여 가시화해야 한다. 이는 기업이 고려하고 있는 사업/상품을 시장에서 성공적으로 실행하는 데 요구되는 기업의 경쟁력이 상대적으로 어느 정도인가를 보여주는 것이다. 비즈니스 경쟁력은 시장에서 기업이 실제로 가지고 있는 강점들을 계량화한 측정치라고 할 수 있는데, 기업의 경쟁력은 여러 변수들의 조합으로 표시되며 경쟁사와 비교하여 주로 고객의 또는 시장의 요건Customer/Market Requirements을 얼마나 잘 충족시킬 수 있는 경쟁력을 가지고 있는가를 보여준다고 할 수 있다. 물론 업종에 따라 달라질 수 있지만, 이러한 고객의 요건을 정의하는 데는 상품요건Product Requirement, 가격요건Price Requirement, 서비스 요건Service Requirement, 정보요건Information Requirement, 커뮤니케이션 요건Communication Requirement, 그리고 기술요건Technology Requirement

등이 일반적으로 사용되는 변수들이고 이들의 적절한 조합이 고객요건을 대표한다. 궁극적으로 비즈니스 경쟁력을 계량화하는 목적은 기업이 시장에서 선정된 목표고객들의 니즈Needs를 경쟁사보다 얼마나 더 잘 충족시킬 것인가를 객관적으로 평가하여 기업의 의사결정을 지원하고자 하는 것이다.

여기서는 비즈니스 경쟁력을 평가하기 위한 계량화를 어떻게 하는지에 대해 논의해 보도록 한다. 기본적으로 스스로 평가할 수 있는 질문을 통해 비즈니스 경쟁력을 가시화하는 데 필요한 데이터(핵심 성공요인 분석에서 수집된 데이터와 유사함)를 수집하게 되는데, 다음의 3가지 질문이 사용된다.

첫째, 고려되는 사업(상품)을 성공적으로 실행하는 데 기업이 갖추어야 할 것, 즉 핵심 요건들은 무엇인가?

둘째, 10점 척도(1=중요하지 않음, 10=매우 중요함)를 사용하여 표시하면, 각각의 핵심 요건은 얼마나 중요한가?

셋째, 10점 척도(1=경쟁력이 약함, 10=경쟁력이 강함)를 사용하여 각각의 핵심 요건을 충족하는 데 자사와 경쟁사를 어떻게 평가하는가?

이 3가지 질문에 대한 답은 시장에서 자사와 경쟁사들의 비즈니스 경쟁력 전체를 평가할 수 있는 정보를 제공하게 된다. 이 정보는 자사가 시장의 선도기업Market Leader인지 또 상대적으로 어느 정도 관련 비즈니스에 있어서 경쟁적 우위를 가지고 있고, 고려하는 사업(상품)의 성공 가능성이 얼마나 높은가를 보여주게 된다. 예시로 〈표 A-5〉는 위에서 언급한 3가지 사업(상품), 즉 A, B 그리고 C를 자사(F1)와 2개의 경쟁사 F2와 F3가 실행할 때 개별 기업의 비즈니스 경쟁력이 어떻게 측정되는지를 보여주기 위한 것이다.

〈표 A-5〉 기업의 비즈니스 경쟁력 측정의 예시

핵심요건과 가중치	자사(F1)			경쟁사(F2)			경쟁사(F3)		
	사업 A	사업 B	사업 C	사업 A	사업 B	사업 C	사업 A	사업 B	사업 C
보유고객 규모 (0.3)	8	7	9	9	8	8	7	9	9
상품 선호도 (0.5)	6	9	8	6	6	7	7	5	9
차별화된 서비스 (0.2)	9	5	9	7	8	6	9	7	9
총 가중점수	7.2	7.6	8.5	7.1	7.0	7.1	7.4	6.6	9.0

위의 표에서는 이렇게 3가지를 고려하고 있는 사업/상품에 대한 기업들의 비즈니스 경쟁력을 평가하여 계량화하였고 이를 2차원의 공간에서 수평축의 좌표로 사용하여 가시화할 수 있게 된다.

iv) 다음 단계에서는 기업이 고려하고 있는 사업/상품에 대해서 시장 매력도와 비즈니스 경쟁력이라는 두 가지 차원으로 표시된 공간에서 자사와 경쟁사들의 경쟁적 위치를 도출된 측정치를 이용하여 가시화하고 비교/분석하여 기업이 고려하고 있는 각각의 사업/상품에 대해 어떠한 의사결정을 하게 되는지를 생각해 본다. 이렇게 도출된 포트폴리오 매트릭스를 통해 기업은 어떤 사업으로 또는 어떤 상품/서비스로 어떤 고객군과 시장세그먼트를 목표로 하여 성공할 공산이 가장 큰지를 검토하고 어느 사업 또는 상품에 자원을 투입하여야 하며 이를 통해 어떤 재무적 성과를 목표로 할 것인지에 대한 의사결정을 하게 된다. 이러한 검토를 위해 자사는 어떤 이미지를 가지고 있는지, 시장에서 자사는 어떻게 알려지고 인지되고 있는지, 경쟁사와 비교하여 보면 어떠한지 등등의 비즈니스 질문들을 하여 기업의 현 위치를 확인하는 것이 필요하다.

최종적으로 얻게 되는 산출물은 아래에 나오는 [그림 A-1]과 같은 2차원적 포트폴리오 매트릭스가 되고, 이를 통해 SWOT분석의 결과가 요약되어 기업의 현재 시장위치를 보여주게 된다.

[그림 A-1] 포트폴리오 매트릭스의 예시

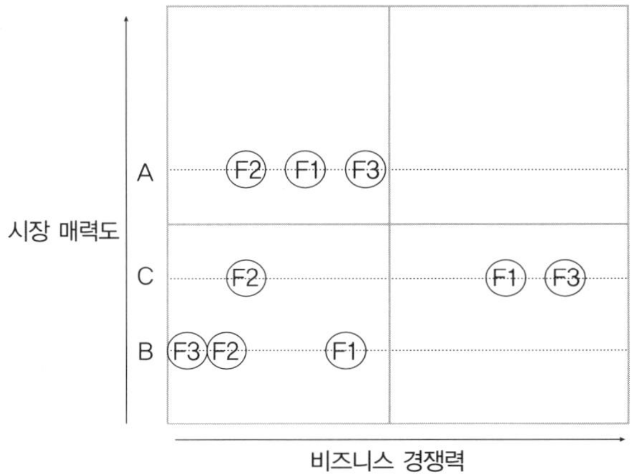

위의 포트폴리오 매트릭스로부터 도출된 정보를 활용하여 고려하고 있는 사업/상품에 대해 경쟁사대비 상대적 강점과 약점을 평가하면, 자사의 입장에서는 어느 사업/상품을 추진하는 것이 가장 바람직한 것인가에 대해 의사결정을 할 수 있게 될 것이다. 또한 여기서 하게 되는 의사결정의 종류가 기존 사업/상품이든 아니면 신규 사업/상품이든 각각의 사업/상품별로 비즈니스 추진방향Business Direction에 대해 다음의 5가지 형태로 의사결정을 하기도 한다.

비즈니스 추진방향 :

- 진입Enter – 새로운 사업/상품 부문에 자원을 할당하여 진입
- 개선Improve – 사업/상품의 경쟁적 위치가 크게 개선되는 전략을 적용
- 유지Maintain – 기존 사업/상품의 경쟁적 위치를 유지
- 수확Harvest – 회사 전체적으로 한층 높은 중장기 실적을 내는 데 필요로 하는 단기이익과 현금흐름Cash Flow을 위해 손실을 겪지 않는 범위 내에서 기존 사업/상품의 경쟁적 위치를 의도적으로 포기
- 퇴출Exit – 기존 사업/상품을 유지하는 비용과 그 사업/상품의 경쟁적 위치를 개선하는 리스크Risk가 매우 크거나 현재의 경쟁적 위치가 매우 열세하기 때문에 그 사업/상품을 퇴출

2. 경쟁사분석 Competitor Analysis

경쟁사분석을 통해 얻고자 하는 것은 사업의 주요 면에서 경쟁사들과 비교하여 자사는 어떠한 역량과 자원을 어느 정도 갖추고 있고 또한 어느 정도 실제 성과를 내고 있는가를 비교 평가하여 상대적 위치를 이해하고자 하는 것이다. 경쟁사분석에서는 기업의 외형을 나타내 주는 변수들(매출, 시장점유율, 이익, 비용, 고객 수, 생산규모/종업원 수, 영업력 규모/영업망 범위Market Coverage, 지점을 포함한 채널 네트워크 등등)이 보여주는 특성들을 비교하여 외적으로 파악할 수 있는 비용대비 매출, 매출대비 이익, 비용대비 생산성 등의 경쟁사 모습들을 분석한다. 또한 기업의 내부역량을 비교하여 기업 간의 차이점/유사점들을 살펴보고 경쟁사대비 자사의 경쟁우위/열위들을 진단하여 경쟁사들의 특성이 정리되어야 한다. 위에서 언급한 기업의 외형을 보여주는 특성을 비교 분석할 때 사용하는 변수들의 데이터가 이용 가능한 것들이 많다. 그러나 기업의 내부역량을 비교하여 상대적 강점/약점을 파악할 때는 내부역량을 나타내는 변수들이 분명하지 않을 수도 있고 그 변수들의 데이터가 존재하지 않을 수도 있다. 이럴 때는 기업의 개별 내부역량을 명확히 정의하고 10점 척도 등을 이용하여 객관화된 데이터를 만

들어 정량적 비교를 해야 상대적 평가가 가능하다. 특히, 사업/상품의 성공인자 Success Factor에 기반한 기업의 상대적 경쟁력 분석은 정량화하여 데이터를 수집하여야만 비교와 분석이 가능하다. 다음의 〈표 A-6〉은 경쟁사 분석 후 얻게 되는 요약의 형태를 예시한 것이다.

〈표 A-6〉 경쟁사 분석의 예시

	자사	경쟁사 A	경쟁사 B
매출 시장점유율 비용 매출대비 이익 고객 수(Customer Base) 생산 규모/인력 영업현황(채널과 마켓 커버리지) 상품현황 핵심역량(Core Competency) 잠재역량 자원 기술력 관찰되는 전략 상대적 경쟁우위/열위 성공요인대비 경쟁력 Competitive Position Portfolio Summary			

시장에서 한 기업의 영향력이 여타 경쟁사에 미치는 정도가 크면 클수록 시장 선도력Market Leadership이 강해 시장을 선도해 나갈 수 있다. 반면, 그 기업의 영향력이 작으면 마켓 리더를 따라갈 수밖에 없게 되므로 독자적인 마케팅 전략을 추진하기가 어렵게 되고, 선두기업을 쫓아가는 후진기업이 되게 마련이다. 이런 관점에서 경쟁사 분석에서는 다양한 측면에서 경쟁사들의 특성을 분석해 보고 개별 경쟁사의 시장지위

를 분류하여 경쟁사의 군집화(시장 선도 그룹, 중도 그룹, 후진/후발 그룹 등)를 통해 시장 지위Market Position들을 시각화해 보는 것이 시장의 전체적 경쟁구도를 이해하는 데 많은 도움이 된다. 또한 경쟁사들의 주요 상품특성, 그 상품에 대한 비즈니스 방향, 그리고 현재 관찰되는 영업/마케팅 전략 등을 정리해 보는 것도 자사와 경쟁사들의 마켓 포지셔닝Market Positioning을 이해하는 데 도움이 된다.

3. 핵심 성공인자 분석Key Success Factor Analysis

위에서 예시한 경쟁사분석과 아주 밀접하게 활용되는 분석이 바로 핵심 성공인자 분석이다. 핵심 성공인자란 기업이 소속된 시장에서 성공하기 위해 갖추어야 할 중요한 요소들을 말한다. 예를 들면, 핵심 성공인자에는 필수자원의 전유적 소유나 접근, 규모의 경제를 이룰 수 있는 역량, 유통망 확보, 상품 선도력, 기술 선도력, 고객관리 역량, 효율적 생산력 등이 포함된다. 한 가지 유념해야 할 것은 상품 생애주기를 거쳐 상품이 진화하고 고객의 변화나 사업의 변화가 생기게 되면 사업의 핵심 성공인자가 변하거나 바뀔 수 있다는 것이므로 시장의 변화를 항상 주시해야 한다. 핵심 성공인자 분석에 자주 사용되는 유용한 기법으로 경쟁사별로 행렬을 만들어 보는 경쟁사 행렬분석기법이 있는데 이에 대한 예를 제시해 보고자 한다. 이 기법의 절차를 살펴보면 다음과 같다.

i) 산업의 특성과 본질 관점에서 산업을 정의한다.
ii) 산업 내에서 경쟁사가 어느 기업인지 선정한다.
iii) 자사의 고객은 누구이며 그들이 기대하는 혜택은 무엇인지를 명확히 한다.
iv) 산업에서 핵심 성공인자는 어떤 것인지를 확정한다.
v) 개별 성공인자에 가중치를 부여함으로써 핵심 성공인자의 순위를 정한다.
vi) 개별 경쟁사를 핵심 성공인자에 의해 평가한다.
vii) 행렬에 주어진 개별 경쟁사의 평가점수에 가중치를 곱한다.
viii) 개별 핵심 성공인자의 평가점수에 가중치를 적용하고 이렇게 나온 가중평가점수를 합산하여 개별 경쟁사들의 전반적 강점에 대한 총체적 평가를 도출한다.

아래의 〈표 A-7〉은 2차원의 행렬형태로 개별 경쟁사들의 총체적 평가점수를 도출하는 예를 보여준다.

〈표 A-7〉 경쟁사분석 행렬

핵심 성공인자	개별인자 가중치	자사(F1)	경쟁사(F2)	경쟁사(F3)
고객로열티	0.40	3.60	3.20	2.80
상품혁신	0.25	2.00	2.00	2.00
규모의 경제	0.20	1.20	1.60	1.80
유통채널	0.15	1.50	1.20	1.50
총점(Total Score)	1.00	8.30	8.00	8.10

핵심 성공인자별 기업의 평가는 10점 척도로 10은 가장 높고, 1은 가장 낮음.

위의 〈표 A-7〉에서는 먼저 개별 핵심 성공요인들의 중요성도 10점 척도로 평가되어 합하여 1이 되도록 가중치를 도출했다. 그리고 개별 핵심 성공요인 면에서 10점 척도를 이용하여 자사와 경쟁사들이 평가되었다. 때로는 이런 경쟁사분석에서는 경쟁사 중에 업계의 최고로 평가되는 경쟁기업을 벤치마크Benchmark로 활용할 수도 있다. 개별 기업의 평가를 보면, 각각의 성공인자 면에서 10점 척도로 평가가 되고 이에 가중치가 적용된다. 이렇게 구해진 가중평가점수를 더해 개별 기업의 총점을 도출한다. 위의 〈표 A-7〉에 제시된 예를 보면, 자사는 고객로열티 면에서 경쟁사들보다 높게 평가되고 있는 반면 규모의 경제 면에서는 상대적으로 낮게 평가되고 있다. 가중치가 적용된 총점으로 전반적 경쟁력을 비교해 보면, 자사가 경쟁사들보다 다소 높게 평가되어 자사의 경쟁력이 어느 위치에 있는지를 이해할 수 있다. 따라서 이러한 핵심 성공인자 분석을 통해 향후 목적 달성을 위해 무엇이 필요한지 또는 무엇을 해야 하는지를 찾아볼 수 있어 전략적 의사결정에 유용한 인풋을 얻을 수 있다.

Appendix B CRM 마케팅 플랜 양식과 사례

CRM Marketing Plan 양식을 위한 제안

1. 비즈니스 분석Business Analysis

(1) 시장분석Market Analysis

시장의 정의Definition와 영역Scope

추정된 시장의 잠재 규모Market Potential Estimate

시장 특성Characteristics과 추세Trends

여타 외적 환경요소Environmental Factor의 변화

(2) 기업과 기업의 주요 상품에 대한 상황분석Situation Analysis

SWOT분석 – 관련 상품/사업의 기회와 위협

경쟁사분석

핵심 성공인자 분석 – 관련 상품/사업의 핵심 성공인자 분석

2. 설정된 목표Established Goals

(1) 베이스라인 예측모델 구축

(2) 예측을 기반으로 한 매출목표 설정

3. 전략Actionable Strategies : 고객전략과 마케팅 전략

(1) 전략수립을 위한 CRM 인텔리전스Intelligence

기업 내부적/외부적 요인 분석

(2) 수립된 전략들

고객전략

마케팅 전략

4. CRM 마케팅 믹스 CRM Marketing Mix

(1) 고객의 니즈

(2) 실행을 위한 CRM 마케팅 믹스와 요건들

(3) 필요 자원을 위한 예산과 재무계획

CRM 마케팅 믹스 실행에 필요한 예산

재무계획 Projections of Profits and Losses

5. CRM 마케팅 믹스 실행계획 Execution Plan – 실행계획표

6. CRM 마케팅 믹스 실행의 모니터링과 결과측정계획 Measurement Plan and System

(1) 측정체계

(2) 측정계획

7. 개선을 위한 분석계획 Analysis Plan for Improvement – 사후분석과 개선사항

Appendix C CRM 마케팅 플랜을 위한 관련 자료(References)

1. 마케팅 플랜 관련 자료

- Hiebing Jr., Roman G. and Scott Cooper, *The Successful Marketing Plan*, McGraw-Hill, 2003.
- Knight, Peter, *The Highly Effective Marketing Plan*, Prentice-Hall, 2004.
- McDonald, Malcolm H.B. and Warren J. Keegan, *Marketing Plan That Works*, Butterworth Heinemann, 1997.

2. 계량적인 기법과 시뮬레이션 관련 자료

- 최정환, 「과학적 경영을 위한 CRM」, 다산출판사, 2005.
- Albright, Christian S., Wayne Winston, and Christopher J. Zappe, *Data Analysis & Decision Making*, Brooks/Cole, 2003.
- Lilien, Gary and Arvind Rangaswamy, *Marketing Engineering*, Trafford Publishing, 2004.
- Lilien, Gary, Philip Kotler, and K. Sridhar Moorthy, *Marketing Models*, Prentice-Hall, 1995.
- Malhotra, Naresh, *Marketing Research*, Prentice-Hall, 1999.
- Ralston, Bill and Ian Wilson, *The Scenario Planning Handbok*, 2006.
- Savage, Sam L., *Decision Making with Insight*, Brooks/Cole, 2003.

저자 소개

최정환 박사(Ph.D. in Marketing and Economics)

미국 미시간대학교(The University of Michigan) 경영학박사와 경제학박사 학위를 취득한 후, Hughes Electronics의 사내 마케팅 컨설턴트, 미시간대학교 경영대학 방문교수, Research International의 Marketing Science 부사장, iXL사의 ERM 전략담당 본부장, Seurat 컨설팅사의 CRM Analytics 본부장, Sears & Roebuck Co.의 CRM 본부장, 삼성카드의 CRM/마케팅/영업 임원을 거쳐, 현재 LG경제연구원의 경영연구실 실장으로 근무하고 있다. 또한 현재 미국 마케팅학회의 Applied Research Methods Conference의 Faculty로 미국의 많은 기업 실무자들을 대상으로 CRM/CS/마케팅 강의도 정기적으로 하고 있으며, 국내에서도 많은 기업들을 대상으로 CRM/CS/마케팅/고객가치 경영/창조적 사고/기업의 변화관리/성장전략에 대한 강의도 하고 있다. 특히 CRM분야에서는 여러 가지 비즈니스 솔루션들을 개발하여 실행하고 있다. 저서로는 「겉도는 고객만족경영을 위한 CRM」(2008), 「과학적 경영을 위한 CRM」(2005), 「죽은 CRM 살아 있는 CRM」(2001), 「CRM을 위한 데이터베이스 마케팅」(2001) 등의 저서와 *Journal of Econometrics, Journal of Applied Statistics* 등에 다수의 Academic Publication이 있다. 최정환 박사는 이메일 주소 jwchoi@lgeri.com 또는 jwc419@hotmail.com을 통해 접촉할 수 있다.

이재원

연세대학교 경영학과를 졸업한 후 동 대학 경영연구원 기업지배구조 관련 연구 프로젝트에 참여했다. 이후 전략 컨설팅 업체인 nPlatform Inc.에서 선임 컨설턴트로 근무하며 패션, 건설, IT 등 다양한 산업에서 활동하는 국내기업의 중장기 전략 수립 프로젝트 및 M&A 의사결정 프로젝트를 수행하였다. 현재는 프리랜서로 일하는 동시에 최정환 박사와 국내기업의 CRM 도입 및 조직 변화관리에 관한 연구를 병행하고 있다. 이메일 주소 elm.jaewon.lee@gmail.com을 통해 접촉할 수 있다.

박종석(MBA)

현재 LG경제연구원 경영연구실 책임연구원으로 근무하고 있으며 LG그룹 계열사 대상 경영컨설팅 업무를 담당하고 있다. 고려대학교 영어영문학과를 졸업하였으며 졸업 후 LG-EDS 시스템(현 LG CNS)에 입사하여 컨설팅, 해외마케팅 및 전사전략 업무를 담당하였다. 스페인 바르셀로나의 IESE Business School에서 MBA 학위를 취득한 후 LG경제연구원에 조인하였다. 박종석 책임연구원은 이메일 주소 PJS1905@gmail.com을 통해 접촉할 수 있다.

CRM 마케팅 플랜

2009년 11월 16일　제1판 1쇄 인쇄
2009년 11월 20일　제1판 1쇄 발행

저　자　최정환 · 이재원 · 박종석
발행인　강 희 일 · 박 은 자

발행처　**다 산 출 판 사**
서울특별시 마포구 용강동 494 - 85
등　록　1979. 6. 5.　제 3-86 호(윤)
전　화　717-3661~2,　718-1751~2
FAX　716-9945
조　판　민 하 디 지 탈 아 트

정가 13,000원　파본은 바꾸어 드립니다.

http://www.dasanbooks.co.kr
ISBN 978-89-7110-376-0 93320